Das große illustrierte Buch der

SPRICHWÖRTER
UND
SPRUCHWEISHEITEN

Sprichwörter und Sagworte
Bauern- und Wetterregeln
Handwerksweisheiten
Trink- und Wirtshaussprüche
Grab-, Haus- und Gerätinschriften
Stammbuch- und Poesieverse

Herausgegeben
von Karl August Fritz

PARKLAND

Er läßt die Welt auf seinem Daumen tanzen
(alles tanzt nach seiner Pfeife).

Pieter Bruegel d.Ä. *Die Niederländischen Sprichwörter* 1559 (117 x 163 cm)

BRVEGEL

Bildnachweis:
BPK – Bildarchiv Preußischer Kulturbesitz, Berlin.
Wir danken für die freundliche Erlaubnis zur Reproduktion des Gemäldes
von Pieter Bruegel d.Ä., das sich im Besitz der
Gemäldegalerie Berlin-Dahlem befindet.

Die Deutsche Bibliothek – CIP-Einheitsaufnahme

Das große illustrierte Buch der
Sprichwörter und Spruchweisheiten:
Sprichwörter und Sagworte, Handwerks-, Trink- und
Wirtshaussprüche, Grab-, Haus- und Gerätinschriften,
Bauern- und Wetterregeln, Stammbuch- und Poesieverse.

Hrsg.: Karl August Fritz

ISBN 3-89340-048-6

Printed in Italy

Inhalt

Sprichwörter und Spruchweisheiten

»Der Teufel ist den Sprichwörtern feind.«
Martin Luther

Gold macht taub.

Glück macht blind.

Neid macht Leid.

Brot macht Backen rot.

Ehre macht Künstler.

Kunst macht Narren.

Eins macht keins.

Gut macht viele Freunde.

Geben macht Leben.

Ansehen macht Freien.

Zeit macht Heu.

Geld macht den Markt.

Gleichheit macht Freundlichkeit.

Zu frei bringt Reu'.

Wahl bringt Qual.

Zeit bringt Bescheid.

Er wirft Rosen (Perlen) vor die Säue.

Jeder kennt Sprichwörter. Jeder benutzt sie – zumindest hin und wieder. Sie schmücken Reden und Vorträge, regen an oder fordern zum Widerspruch heraus. Sie waren schon alt, als sie das erste Mal gesammelt und gedruckt wurden. Irgendwer hat sie irgendwann geprägt, man weiß nicht genau wer und auch nicht wann und wo. Sie geben guten Rat, ein gutes Beispiel, sie drohen und mahnen.

Meistens sind es nur wenige Worte oder kurze Sätze, die ein Sprichwort ausmachen, selten länger als zwei Zeilen. Ihre Bilder, ihr Klang und ihr Rhythmus sind leicht eingängig und werden deshalb auch leicht gemerkt und gern weitergegeben. Manche blieben in Jahrhunderten unverändert, manchmal wurden sie abgewandelt und auch umgedeutet. Man findet eine Großzahl von ihnen in vielen Sprachen – ein Beweis dafür, daß Menschen überall gern in Sprüchen formulierten, es ihnen ein Bedürfnis war, etwas von der eigenen Erfahrung in poetischer Verdichtung auszudrücken. Überhaupt sind viele der ältesten, schriftlich und mündlich weitergegebenen Zeugnisse der Menschheit in Spruchform gehalten und erinnern magisch-religiöse Inhalte ebenso wie allgemein praktische Lebensregeln und Weisheiten. Es waren Auserwählte, Heilige und Priester, die mit Beschwörungsformeln gute Mächte herbeiriefen und bösen Geistern wehrten.

In dieser frühen Zeit der Kulturgeschichte, in der – auch das eine sprichwörtliche Redensart – »das Wünschen noch geholfen hat«, kam der Mensch zur Sprache, artikulierte mehr als bloß Laute, formte ganze Sätze und wiederholte bald böse und gute Wünsche. Jeder Gruß, die meisten Flüche und auch viele Schimpfwörter bewahren bis heute diese Wünsche vor dem Hintergrund von Glauben und Aberglauben. Das reicht vom »Grüß Gott« bis zum kollegialen »Mahlzeit«.

Die Menschen wurden Jäger und Sammler, Bauern und Handwerker und neben ihren eigenen Wunsch- und Grußformeln entstanden Sprüche und Redensarten, die entweder Wissen für die Eingeweihten bewahrten und vermittelten oder im Alltag für Verständnis, Trost und Mahnung sorgten. Noch während der Verbreitung des christlichen Glaubens wurden alte heidnische in christliche Bräuche und Zauber- und Segensformeln in Stoßgebete und feste Bestandteile der Liturgie umgeformt. Das »Halleluja« bedeutet »Gelobt sei der Herr, unser Gott« und das »Amen« in der Kirche lautet übersetzt »So sei es. Es geschehe.« und soll die Worte und Segenswünsche des Gottesdienstes bekräftigen. Was einst wohl nur Bedeutung in Magie und Ritus hatte, wurde zu Regel und Gesetz. Rechtssprichwörter wie das heute noch bekannte »Wer zuerst kommt, mahlt zuerst« regelten den Alltag und das ehedem zumeist bäuerliche Leben. Bauernregeln ordneten den Jahreslauf, horteten Erfahrungswissen vom Säen und Ernten, dienten der Wettervorhersage und kündeten als Hausinschriften den Stolz und den Glauben der Besitzer.

Es waren weltoffene Mönche im Mittelalter, die in Predigten und Chroniken – zuerst noch in lateinischer Sprache – Sprichwörter und Redensarten sammelten oder aus den Werken antiker Dichter entnahmen. Die wohl älteste Anthologie verfasste um 1020 ein Magister Egbert aus Lüttich. Dem einfachen Volk nicht nur die Bibel in ihrer Sprache, sondern auch Lieder, Reime und Sprichwörter für den Hausgebrauch zu vermitteln, war eines der Anliegen der Humanisten und Reformatoren im 16. Jahrhundert. 1529 gab Johannes Agricola die erste deutschsprachige Sammlung heraus; schon 1541 folgte die bis heute wichtige, 7000 Sprichwörter enthaltende von Sebastian Franck: »Sprichwörter, schöne, weise, herrliche Klugreden und Hofsprüch«. Im 19. Jahrhundert sammelten berühmte Germanisten altes deutsches Sagen- und Märchengut. Den Leistungen der Gebrüder Grimm und anderer ist die weltweit einzigartige Leistung von Karl Friedrich Wilhelm Wander an die Seite zu stellen, der zwischen 1867 und 1880 in fünf schwergewichtigen Bänden ein mehr als 250 000 Einträge umfassendes »Deutsches Sprichwörterlexikon« herausgab.

In den meisten dieser frühen Sammlungen werden Sprichwörter, anonyme und nachgewiesene sprichwörtliche Redensarten bunt gemischt. Erst gegen Ende des letzten Jahrhunderts und oft an entlegener Stelle veröffentlicht, wurden den besonderen Spruchharten wie Wetter- und Bauernregeln, Grabsprüchen und Hausinschriften eigene Sammlungen gewidmet. Deshalb soll es einen Reiz dieser neuen Zusammenstellung bekannter, bewahrenswerter und schöner Sprichwörter ausmachen, diese sprichwortähnlichen Spruchweisheiten jeweils in eigenen Abschnitten vorzustellen. Formal und inhaltlich sind sie von den übrigen Sprichwörtern kaum zu unterscheiden.

Meist aber haben sie einen erkennbaren Erfahrungshintergrund oder eindeutigen Zweck.
Grundsatz der Auswahl für dieses Buch war, dass jede Spruchweisheit entweder als Wortkunstwerk poetisch überzeugend oder ihrem Inhalt nach heute noch allgemeinverständlich und der Überlieferung wert schien.
Sprichwörter und Spruchweisheiten gehören zur Volksdichtung wie Märchen, Sagen und Legenden. Sie sind ein Stück Poesie und jede Zeit wird ihre »Währung« prüfen, umprägen und vielleicht sogar vermehren. Die vorliegende Sammlung bietet einen neu geordneten Vorrat der Volkspoesie, aus dem man sich nach Lust und Laune, bei Zeit und Gelegenheit herausgreife, was einem zur Unterhaltung und Anregung dient. Dazu wurde hier auch das berühmte Gemälde »Die Niederländischen Sprichwörter« von Pieter Bruegel dem Älteren aus dem Jahr 1559 in vielen verschiedenen Ausschnitten von unterschiedlicher Größe reproduziert. Es trug einst die Bezeichnung »Die verkehrte Welt« und steht am Anfang von Bruegels später Schaffensphase, in der er der Malerei einen neuen Blickwinkel auf die Realität und ihre bildnerische Ausdeutung öffnete. Das sogenannte »Wimmelbild« enthält in sich wiederum viele Bilder, mit denen etwa 100 seinerzeit geläufige Sprichwörter und Redensarten illustriert werden. Die Bildunterschriften sind dem Abbildungsblatt der Gemäldegalerie in Berlin entnommen, in der das Bild ausgestellt ist. Der »Bauernmaler« Bruegel schuf mit diesem Kunstwerk ein Sinnbild, in dem sich das menschliche Leben in allen seinen Facetten spiegelt: Gut und Böse, Glaube und Aberglaube, Glück und Unglück, Handel und Wandel.

Der Herausgeber

SPRICHWÖRTER

»Wer einen großen Sprung tun will,
geht hinter sich.«

Wer *A* sagt, muß auch B sagen.

Wer den *Aal* hält beim Schwanz,
hat ihn weder halb noch ganz.

Wo *Aas* ist, da sind Fliegen.

Man kann es nicht allen Leuten
recht machen, und wenn man sich
die Nase *abbeißt*.

Geduld baut,
Ungeduld bricht *ab*.

Wenn's Unglück sein soll,
kann man sich den Finger in der
Nase *abbrechen*.

Wer Pech hat,
bricht den Finger im Arsch *ab*.

Dreimal umgezogen ist so gut
wie einmal *abgebrannt*.

Das *Abc* macht das meiste Weh.

Jeder *Abel* hat seinen Kain.

Abend rot, Morgen grau
gibt das schönste Tagesblau.

Auf einen bösen Tag
gehört ein guter *Abend*.

Der *Abend* lobt den Tag.

Der Morgen ist weiser
als der *Abend*.

Ein guter *Abend* währt nicht lange.

Ein jeder Tag hat seinen *Abend*.

Es ist noch nicht
aller Tage *Abend*.

Je später der *Abend*,
je schöner die Gäste.

Abendrot – Gutwetterbot.

Abends wird der Faule fleißig.

Wer *abends* geigt,
kann morgens tanzen.

Abenteuer ist selten geheuer.

Aberwitz ist keinem nütz.

Man kann viel hören,
ehe einem ein Ohr *abfällt*.

Was reif ist, das *fällt ab*.

Wenn auch der Kuhschwanz wackelt,
so *fällt* er doch nicht *ab*.

Wo es *abfließt*,
muß es auch zufließen.

Wer viel (nichts) begehrt,
dem *geht* viel (nichts) *ab*.

Es hat nicht jeder *Abgrund*
ein Geländer.

Wer *ablernt*,
ist ein ehrlicher Dieb.

Abgeredet vor der Zeit gibt nachher
keinen Streit.

Wie das Willkommen,
so der *Abschied*.

Kurz *abschlagen*
ist eine Freundschaft erweisen.

Ehe man einmal *abschneidet*,
muß man zweimal messen.

Ein guter *Abt* lobt sein Kloster.

Was davonläuft,
ist leicht *abzuwehren*.

Man muß den Wolf erst fangen,
ehe man ihm das Fell *abziehen* kann.

Ein *Ach* wohnt unter jedem Dach.

Einer *acht's*, der andere lacht's,
was macht's!

Was man hat,
das *achtet* man nicht.

Auf fremdem *Acker*
steht die Saat gut.

Faule Bauern
finden keinen guten *Acker*.

In gutem *Acker*
wächst auch Unkraut.

Man soll den *Acker*
nicht zu wohl düngen.

Wer den *Acker* pflegt,
den pflegt der Acker.

Besser *ackern* und düngen
als beten und singen.

Wer einen zu *Ader* lassen will,
der muß ihn auch verbinden können.

Wenn man den Habicht
nicht fangen kann,
muß man ihn *Adler* rufen.

Je höher der *Affe* steigt,
je mehr zeigt er den Hintern.

Was von *Affen* kommt,
will lausen;
was von Katzen kommt,
will mausen.

Leere *Ähren* stehen aufrecht.

Aller guten Dinge sind drei.

Bei Nacht sind *alle* Katzen grau.

Nicht *alle* Leute schlafen,
die zu Bett gegangen sind.

Wer *alle* Tage feiert,
fragt nicht nach dem Sonntag.

Unterm Besen (ohne Kirchensegen) getraut. Da steckt der Besen raus (die Herren sind nicht zu Haus).

Wohin ein Hund pißt,
dahin pissen *alle*.

Alle wissen guten Rat, nur der nicht,
der ihn nötig hat.

Es sind nicht *alle* lustig, die tanzen.

Was *allen* gefällt,
ist schwer zu behalten.

Wer's *allen* recht machen will,
muß früh aufstehen.

Wo *alle* stehlen, ist es schwer,
einen Dieb zu fangen.

Allein ist einem am besten.

Einer *allein* macht keinen Tanz.

Ein Unglück kommt selten *allein*.

Wer *allein* läuft, wird stets Sieger.

Alles hat ein Ende,
nur die Wurst hat zwei.

Der Mensch gewöhnt sich an *alles*.

Ende gut, *alles* gut.

Allgemach kommt wohl nach.

Es sind nicht *alles* Freunde,
die einen anlachen.

Man muß nicht *alles* an die große
Glocke hängen.

Wer *alles* lobt, hat nichts gelobt.

Wer *alles* weiß, wird auch betrogen.

Wer warten kann,
dem kommt *alles* zur rechten Zeit.

Wem's *allzeit* zu früh dünkt,
der kommt meist zu spät.

Allzufromm taugt nicht.

Allzufrüh kommt auch unrecht.

Allzugut ist liederlich.

Allzunah mindert die Freundschaft.

Allzuviel ist nicht genug.

Allzuviel ist ungesund.

Alte Böcke (Ziegen) lecken auch
noch gern Salz.

Alte Eier, alte Freier, alter Gaul
sind gewöhnlich faul.

Alte Feindschaft (Freundschaft)
ist bald erneuert.

Alte Fuhrleute sind gute Wegweiser.

Alte Leute sehen am besten
in die Ferne.

Alte Leute sind wunderlich;
wenn es regnet,
wollen sie Heu machen.

Alte Leute sind zweimal Kinder.

Alte Liebe rostet nicht
(alter Neid vergeht nicht).

Den einen Pfeil dem anderen nachsenden
(falsche Beharrlichkeit).
Alle Pfeile verschießen.

Alte Ochsen
machen gerade Furchen.

Alte soll man ehren,
Junge soll man lehren,
Weise soll man fragen,
Narren vertragen.

Alter Speck macht fette Suppen.

Alte Sünden machen neue Schande.

Aus *altem* Groll wird Haß.

Das *Alte* ist bequem,
das Neue angenehm.

Das *Alte* klappert,
das Neue klingt.

Das *Alter* soll man ehren,
der Jugend soll man wehren.

Der beste Spiegel
ist ein *alter* Freund.

Ein *alter* Irrtum hat mehr Freunde
als eine neue Wahrheit.

Ein *alter* Pelz ist selten ohne Läuse.

Einen *alten* Baum
soll man nicht verpflanzen.

Es ist niemand gern *alt*, und doch
will jedermann gern *alt* werden.

In *alten* Schlössern spuken die
Geister am liebsten.

Ist der Teufel *alt*,
so will er Mönch werden.

Jung gewohnt, *alt* getan.

Tanzt ein *Alter*,
so macht er großen Staub.

Was *alt* ist, brummt gern.

Was der Teufel nicht weiß,
das weiß ein *altes* Weib.

Wenn *alte* Scheuern brennen,
hilft kein Löschen.

Wer nicht *alt* werden will,
muß sich jung hängen lassen.

Kommt der Teufel in die Kirche,
so will er auch auf den *Altar*.

Die *Alten* zum Rat,
die Jungen zur Tat.

Wie die *Alten* sungen,
so zwitschern die Jungen.

Alter geht vor Schönheit.

Alter schützt vor Torheit nicht.

Das *Alter* hat den Kalender im Leibe.

Das *Alter* ist eine Krankheit,
daran man sterben muß.

Die Stöße der Jugend
fühlt man im *Alter*.

Wer nicht rast in der Jugend,
der muß im *Alter* rasen.

Das ist so gewiß als *Amen*
in der Kirche.

Wer predigt, soll auch *Amen* sagen.

Man soll die *Ämter* mit Leuten,
nicht die Leute mit Ämtern versehen.

Wem Gott ein *Amt* gibt,
dem gibt er auch Verstand.

Wer ein *Amt* bekommt,
bleibt nicht, wie er ist,
Lung und Leber kehren sich um.

Mancher *Amtmann* gibt seinem
Herrn einen Nutzen vor, da sieben
Schäden hinter sind.

Wer *anbeißt*,
läßt selten davon.

Was kümmert's den Mond,
wenn ihn die Hunde *anbellen*.

Wo die Ziege *angebunden* ist,
da muß sie grasen.

Wozu der Mensch Lust hat,
dazu hat er auch *Andacht*.

Ein *anderer* Ort,
ein anderer Mensch.

Ein Dienst ist des *anderen* wert.

Eine Dohle
sitzt gern bei der *andern*.

Eine Hand wäscht die *andere*.

Dem einen gefällt die Mutter,
dem *andern* die Tochter.

Frage nicht, was *andre* machen,
acht auf deine eignen Sachen.

Mit eines *andern* Arsch ist gut
durchs Feuer fahren.

Was *andere* verschweigen sollen,
muß man selber nicht ausplaudern.

Was dem einen recht ist,
ist dem *andern* billig.

Was du nicht willst,
daß man dir tu,
das füg auch keinem *andern* zu.

Wer *andere* quält,
schläft selbst nicht gut.

Wer *andere* treiben will,
muß selber laufen.

Wer *andern* die Wahrheit sagt,
soll dabei sich selbst nicht vergessen.

Wer *andern* eine Grube gräbt,
fällt selbst hinein.

Wer den *anderen* jagt,
wird auch selber müde.

Wer sich selbst nichts gönnt,
gönnt auch *anderen* nichts.

Wer sich selbst wegwirft, den heben
auch die *andern* nicht auf.

Wer sich selbst zu raten weiß,
braucht keinen *andern* zu fragen.

Was man nicht kann *ändern*,
das muß man lassen schlendern.

Wetter und Wind
ändern sich geschwind.

Anders machen ist nicht
besser machen.

Es kommt oft *anders*,
als man denkt.

Wenn's nicht *anders* geht,
muß man zum Teufel Vetter sagen.

Anderswo ist die Welt auch nicht
mit Brettern vernagelt.

Aller *Anfang* ist schwer.

Anfang und Ende reichen einander
die Hände.

Müßiggang
ist aller Laster *Anfang*.

Der stärkste Regen *fängt* mit
Tropfen *an*.

Gut *angefangen* und schlecht
geendet heißt das ganze Werk
geschändet.

Wer viel *anfängt*, endet wenig.

Wer *angibt*, hat mehr vom Leben.

Die eine rockt, was die andere spinnt (üble Nachrede weitertratschen).

Was dich nicht *angeht*,
das laß stehen,
was du nicht halten kannst,
laß gehen.

Wenn du die *Angel* ziehst zu früh,
so fängst du nie.

Man muß die Sache *angreifen*,
wo man sie fassen kann.

Auf hoher See wirft niemand *Anker*.

Erst *anklagen*, dann richten.

Wer sich verteidigt, *klagt* sich *an*.

Der Teufel *klopft* wohl *an*,
aber der Mensch ruft herein.

Wenn das Glück *anklopft*,
muß man um Verstand bitten.

Wenn der Pfennig *anklopft*,
ruft jedermann herein.

Wer langsam geht, *kommt* auch *an*.

Es sind nicht alles Freunde,
die einen *anlachen*.

Ein guter *Anlauf*
ist der halbe Sprung.

Wer die Ware *anpreist*,
will sie los sein.

Anschauen
macht Liebe,
Gelegenheit Diebe.

Wie man die Arbeit *ansieht*,
so sieht sie einen wieder an.

Wer sich *anspannen* läßt, muß sich
auch treiben lassen (muß ziehen).

Keine *Antwort*
ist auch eine *Antwort*.

Wer mit Ochsen spricht,
dem geben Ochsen *Antwort*.

Wer viel fragt,
bekommt (kriegt) viel *Antwort*.

Wem der Schuh paßt,
der *zieht* ihn sich *an*.

Man soll die Stadt nicht *anzünden*,
ehe der Feind kommt.

Der *Apfel*
fällt nicht weit vom Stamm.

Es sind süße *Äpfel*,
welche der Hüter übersieht.

Im schönsten *Apfel* sitzt der Wurm.

Ist in schönem *Apfel* kein Wurm,
so wäre doch gern einer drin.

Verbotene *Äpfel* sind süß.

Wer in einen sauern *Apfel*
gebissen hat, dem schmeckt der
süße desto besser.

Der *Appetit* kommt beim Essen.

Kommt Ostern nicht im März,
so kommt's doch im *April*.

Arbeit gebiert Ruhe.

Arbeit hat bittere Wurzel,
aber süße Frucht.

Erst die *Arbeit*,
dann das Vergnügen.

Stöhnen ist die halbe *Arbeit*.

Wer nach großer *Arbeit* trachtet,
dem wird sie zuteil.

Wie der Lohn, so die *Arbeit*.

Wo *Arbeit* das Haus bewacht,
kann Armut nicht hinein.

Arbeit macht aus Steinen Brot.

Arbeiten und sparen
macht zusehends reich.

Man kann *arbeiten* wie ein
Ackergaul, für Zuschauer ist man
immer zu faul.

Jeder *Arbeiter*
ist seines Lohnes wert.

Besser karg als *arg*.

Dem *Ärgsten* gibt man
das beste Teil.

Wer krank ist,
den *ärgert* die Fliege an der Wand.

Es gibt keine *Arglist*,
wo sich findet Merklist.

Argwohn ißt mit dem Teufel
aus einer Schüssel.

Argwohn ist des Teufels Hure.

Wo *Argwohn* wurzelt,
muß Liebe welken.

Arm oder reich,
der Tod macht alles gleich.

Dem *Armen* gegeben ist wohl gesät.

Ein *armer* Teufel muß das Holz
zur Hölle selber tragen.

Wer *Armen* gibt,
wird nimmer arm.

Wer den *Armen* leiht,
dem zahlt Gott die Zinsen.

Wer einem *Armen* hilft,
gedenkt an sich selber.

Wer nie genug hat, ist immer *arm*.

Besser den *Arm* brechen
als den Hals.

Wer rückwärts geht,
läuft dem Teufel in die *Arme*.

Da hängt das Messer (Herausforderung). *Da stehen Holzschuhe (vergeblich warten).*

Der Reiche stiehlt,
und der *Arme* wird gehängt.

Armut geht nicht betteln.

Armut hütet wohl.

Armut lehrt geigen.

Armut lehrt Künste.

Armut schändet nicht.

Armut sucht neue Wege.

Zwischen *Armut* und Reichtum
ist das beste Leben.

Alte Hunde reiten auf dem *Arsch*.

Aus einem verdrießlichen *Arsch*
fährt kein fröhlicher Furz.

Wer den *Arsch* bei sich hat,
der hat gut scheißen.

Wer sich zwischen zwei Stühle setzt,
kommt mit dem *Arsch* auf die Erde.

Mäßigkeit ist die beste *Arznei*.

Ein guter Freund,
ein guter *Arzt*.

Weichlicher *Arzt*
macht faule Wunden.

Was man im Feuer verloren,
muß man in der *Asche* suchen.

Die Wunden, die man heilen will,
muß man erst *aufdecken*.

Die Sonne *geht auf*
über Böse und Gute.

Ihn kränkt es, daß die Sonne ins Wasser scheint (ihn kränkt, daß die Sonne ins Wasser lacht; Mißgunst).

Ein Bach ist leichter *aufzuhalten*
als ein Strom.

Reisende Leute
soll man nicht *aufhalten*.

Wer zum Teufel fahren will,
läßt sich nicht *aufhalten*.

Wer sich selbst wegwirft, den *heben*
auch die andern nicht *auf*.

Beim Gelde
hört die Freundschaft *auf*.

Wenn's am besten schmeckt,
soll man *aufhören*.

Wer das Kalb trägt,
dem *lädt* man die Kuh *auf*.

Einem willigen Esel
packt jeder *auf*.

Ein leerer Sack
steht nicht *aufrecht*.

Ein *aufrichtiges* Donnerwetter
ist besser
als ein falsches Vaterunser.

Aufgeschoben
ist nicht aufgehoben.

Wer nicht *aufschüttet*,
kann nicht mahlen.

Wer's Maul *aufsperrt*,
dem regnet's hinein.

Wem das Glück *aufspielt*,
der tanzt auf einem Bein.

Fallen ist keine Schande,
aber nicht wieder *aufstehen*.

Wer im Zorn *aufsteht*,
setzt sich mit Schaden nieder.

Wer mit Hunden zu Bett geht,
steht mit Flöhen *auf*.

Wenn eine Tür sich schließt,
tut eine andere sich *auf*.

Das *Auge* sieht's, im Herzen glüht's.

Wer eine Schlange *aufzieht*,
dem wird mit Gift gelohnt.

Aus den *Augen*, aus dem Sinn.

Das Auge ist des Herzens Zeuge.

Das *Auge* kennt kein Verbot.

Die *Augen* sind der Liebe Pforten.

Die *Augen* glauben sich selbst,
die Ohren andern Leuten.

Die *Augen* sind keinem
von Butter gemacht.

Was das *Auge* nicht sieht,
beschwert das Herz nicht.

Die *Augen* sind der Spiegel
der Seele.

Eine Krähe hackt der andern
kein *Auge* aus.

Es schlafen nicht alle,
die die *Augen* zu haben.

Neid hat scharfe *Augen*.

Vier *Augen* sehen mehr als zwei.

Wer ins Feuer bläst, dem fliegen die
Funken in die *Augen*.

Im *Augenblick* kann sich begeben,
was man nie gedacht im Leben.

Wer die Suppe eingebrockt hat,
muß sie auch *ausessen*.

An einem schönen Tag muß man
nicht ohne Mantel *ausgehen*.

Wer nie *ausgeht*,
kommt nie heim.

Man *hält* alles *aus*,
nur keine guten Tage.

Beim *Auskehren* muß man sich auf
der Seite des Besenstiels halten.

Beim *Auskehren* wird sich's finden,
wer in die Stube hofiert hat.

Wo alle närrisch sind,
da *lacht* man keinen *aus*.

Der Mensch *lernt* nie *aus*.

Keine Regel ohne *Ausnahme*.

Was die Kinder hören im Haus,
das *plaudern* sie auf der Straße
aus.

Eine gute *Ausrede* und ein
Nudelbrett sind überall daheim.

Wo ein Kluger nichts *ausrichtet*,
schickt man einen Dummen hin.

Man soll das Kind nicht mit dem
Bade *ausschütten*.

Außen hui und innnen pfui.

Es *wirft* mancher das Netz *aus*
und fängt nichts.

Wenn man die Kleider *auszieht*,
soll man auch die Sorgen *ausziehen*.

Hartes Holz will eine starke *Axt*.

Wenn *Bacchus* das Feuer schürt,
so sitzt Venus beim Ofen.

Es ist kein Strom,
in den nicht trübe *Bäche* münden.

Im *Bach* ersaufen auch Leute.

Viele *Bäche* machen einen Fluß.

Mit vollen *Backen*
bläst sich's schlecht.

Aus einem Körnchen Wahrheit
bäckt die Lüge einen Laib Brot.

Zuerst kneten, dann *backen*.

Wer viel ins *Bad* geht,
der wird viel gewaschen.

Wenn die Sau *gebadet* ist,
legt sie sich wieder in den Dreck.

Für gute Freunde ist *bald* gekocht.

Selbst getan ist *bald* getan.

Was *bald* reif wird, wird *bald* faul.

Wer *bald* hilft, der hilft doppelt.

Wer fortgeht, ist *bald* vergessen.

Wer geben will, der gebe *bald*.

Morsches Holz
gibt keine festen *Balken*.

Wasser hat keine *Balken*.

Wem *bange* ist, den beißt der Teufel.

Besser von der *Bank* fallen
als vom Dach.

In der Höhle des *Bären* braucht
man nicht nach Honig zu suchen.

Man muß den Pelz nicht verteilen,
ehe der *Bär* geschossen (erlegt) ist.

Viele jagen den *Bären*,
aber niemand will ihn stechen.

Wenn der *Bär* auch brummt,
tanzen muß er doch.

Erst einseifen, dann *barbieren*.

Den Narren ohne Seife barbieren (mit jemand seinen Spott treiben).

Zwei Narren stecken unter einer Kappe (Torheit liebt Gesellschaft).

Wer *barfuß* geht,
den drückt kein Schuh.

Wer *barfuß* geht,
soll keine Dornen säen.

Barmherzigkeit gegen die Wölfe
ist Unrecht gegen die Schafe.

Am *Bart* des Narren
lernt das Messer scheren.

Besser den *Bart* verlieren
als den Kopf.

Es sind nicht alles Philosophen,
die lange *Bärte* tragen.

Man soll nicht um des Kaisers *Bart*
streiten.

Wer sich im *Bart* grasen läßt,
dem hofiert man zuletzt ins Maul.

Bartel weiß schon,
wo er den Most holt.

Der *Baß* kommt aus dem Faß.

Es ist ein guter *Batzen*,
der einen Gulden erspart.

Es kommt alles in einen *Bauch*.

Auf einem vollen *Bauche*
ist gut liegen.

Auf einem vollen *Bauch* steht ein
fröhliches Haupt.

Der Mund ist des *Bauches* Henker
und Arzt.

Dicke *Bäuche*, leere Köpfe.

Vollem *Bauch* schmeckt alles bitter.

Voller *Bauch* lobt das Fasten.

Voller *Bauch* studiert nicht gern.

Erst schauen, dann *bauen*.

Fleißige Hand
baut Leut und Land.

Wenn die Reichen *bauen*,
haben die Armen zu tun.

Wenn du ein Haus *baust*,
so laß es nicht ohne Dach.

Wer am Wege *baut*,
der hat viel Meister.

Wer will *bauen* an der Straßen,
muß die Leute reden lassen.

Der Papst und ein *Bauer* wissen
mehr als der Papst allein.

Kurze Predigt und lange Bratwürste
haben die *Bauern* gern.

Was der *Bauer* nicht kennt,
das ißt er nicht.

Wer einen *Bauer* betrügen will,
muß einen Bauern mitbringen.

Der eine pflanzt den *Baum*,
der andre ißt die Pflaum'.

Einen alten *Baum*
soll man nicht verpflanzen.

Ein hoher *Baum* fängt viel Wind.

Es ist dafür gesorgt, daß die *Bäume*
nicht in den Himmel wachsen.

Hohe *Bäume* tun schwere Fälle.

Hohe *Bäume*
werfen lange Schatten.

Liegt der *Baum*,
so klaubt jedermann Holz.

Man muß um eines *Baumes* willen
nicht den ganzen Wald ausrotten.

Wo der *Baum* hinfällt,
da liegt er auch.

Erst *bedacht*,
dann gemacht.

Zwist unter Liebesleuten
hat nicht viel zu *bedeuten*.

Glückliche Narren
bedürfen keiner Weisheit.

Zwischen ehrlichen Leuten
bedarf's keiner Rechnung.

Besser nicht beginnen
als nicht *beenden*.

Der Herr *befiehlt's* dem Knecht,
der Knecht *befiehlt's* der Katze
und die Katze ihrem Schwanze.

Was vielen *befohlen* ist,
das tut keiner.

Ein großer Mann
begeht keine kleine Torheit.

Das ist gut,
was jedermann *begehrt*.

Je mehr man hat,
je mehr man *begehrt*.

Was jedermann *begehrt*,
ist schwer zu bekommmen.

Was viele *begehren*,
ist schwer zu hüten.

Wer nichts *begehrt*,
dem geht nichts ab.

Wegen der Rosen
begießt man die Dornen.

Erst besinn's, dann *beginn's*.

Vorm *Beginnen*
sich besinnen
Macht gewinnen.

Frisch *begonnen*, halb gewonnen.

Der hat genug, der sich *begnügt*.

Zum *Begräbnis* der Wahrheit
gehören viel Schaufeln.

Beharrlichkeit
trägt den Sieg davon.

Behaupten ist nicht Beweisen.

Gott *behüte* mich vor meinen
Freunden, vor meinen Feinden will
ich mich schon selber schützen.

Beicht' macht leicht.

Es sind nur die kleinen Sünden,
die man *beichtet*.

Eines Mannes Rede ist keines
Mannes Rede, man soll sie *billig*
hören beede.

Wenn zwei *beieinanderliegen*,
so wärmen sie sich.

Wenn zwei *beieinanderstehen*,
pflegt's über den Dritten
herzugehen.

Die ungeschicktesten Zimmerleute
brauchen die schärfsten *Beile*.

Viel hauen macht stumpfe *Beile*.

Allzufein bricht leicht ein *Bein*.

Auf einem *Bein*
kann man nicht stehen.

Ein glückliches Herz
macht hüpfende *Beine*.

Lügen haben kurze *Beine*.

Was man nicht im Kopf hat,
muß man in den *Beinen* haben.

Zur Heirat gehört mehr
als vier nackte *Beine* ins Bett.

Beinahe bringt keine Mücke um.

Bei Hunden und Katzen
ist *Beißen* und Kratzen.

Den letzten *beißen* die Hunde.

Ein junger Hund
muß *beißen* lernen.

Machst du dich selbst zum Schaf,
so *beißen* dich die Hunde.

Was einen nicht *beißt*,
muß man nicht kratzen.

Wenn die Haushunde sich *gebissen*
haben, belecken sie sich.

Wenn man nicht *beißen* kann,
muß man nicht bellen.

Wer den Pelz voll Läuse hat,
den *beißen* sie auch.

Viel *Bekannte*,
wenig Freunde.

Dem *Beklagten*
gebührt das letzte Wort.

Es genügt nicht, Recht zu haben,
man muß es auch *bekommen*.

Wer alles haben will, *bekommt* nichts.

Wer den Ochsen *bekommt*,
bekommt auch seine Hörner.

Wer einen *beleidigt*, droht vielen.

Bellen und *Beißen*
soll man den Hunden überlassen.

Bellt ein Hund, so kläffen sie alle.

Die Hunde *bellen*,
aber die Karawane zieht weiter.

Getroffene Hunde *bellen*.

Hunde, die *bellen*, beißen nicht.

Sieh dich vor,
wenn alte Hunde *bellen*.

Wenn die alten Hunde *bellen*,
soll man hinaussehen.

Wo der Hund *bellt*,
da mag er auch fressen.

Wer sich grob *benimmt*,
wird auch grob behandelt.

Besser *beneidet* als bemitleidet.

Das Alte ist *bequem*, das Neue
angenehm.

In alten Schuhen geht man am
bequemsten.

Je mehr du zerstreust,
je mehr du *bereust*.

Berg und Tal kommen nicht
zusammen, aber Menschen.

Gemach fährt den *Berg* hinauf.

Hinter dem *Berge*
wohnen auch Leute.

Wenn der *Berg* nicht zum
Propheten kommen will, muß der
Prophet zum Berge gehen.

Bergauf sachte, bergab achte,
geradeaus trachte!

Bescheidenes Glück
kommt alle Tage.

Neuer Herr,
neu *Beschwer*.

Ehrlich ist *beschwerlich*.

Wer eine Kröte fressen soll,
muß sie nicht lange *besehen*.

Ein alter *Besen* scheut keinen
Dreck.

Neue *Besen* kehren gut.

Neue *Besen* kehren gut,
aber die alten fegen die Ecken rein.

Sich selbst *besiegen*
ist der größte Sieg.

Erst *besinn's*, dann beginn's.

Was man nicht gebraucht,
besitzt man nicht.

Wer viel *besitzt*,
hat viel zu streiten.

Was du heute kannst *besorgen*, das
verschiebe nicht auf morgen.

Besser am Rande sparen
als am Boden.

Besser den Hut ziehen
als den Beutel.

Besser den Magen gekränkt
als dem Wirt was geschenkt.

Besser ein Ende mit Schrecken
als ein Schrecken ohne Ende.

Besser ein gutes Wort
als einen verlorenen Freund.

Besser einmal fragen als zweimal
irregehen.

Besser ein ordenlicher Regen
als ein stetes Tröpfeln.

Besser ein Spatz in der Hand
als eine Taube auf dem Dach.

Besser ein Tag bei einem Weisen
als ein Jahr bei einem Narren.

Besser Flöhe gefangen
als müßiggegangen.

Besser geschämt als gegrämt.

Besser grob als falsch.

Besser hartes Brot als leiden Not.

Besser in der Tasche kein Geld
als ohne Freund in dieser Welt.

Besser spät als nie.

Besser zu früh als zu spät.

Das *Bessere* ist der Feind des Guten.

Das vorige Jahr
war immer *besser*.

Der Sperling in der Hand ist *besser*
als die Taube auf dem Dach.

Doppelt (genäht) hält *besser*.

Ein alter Freund ist *besser*
als zwei neue.

Ein aufrichtiges Donnerwetter ist
besser als ein falsches Vaterunser.

Ein magerer Vergleich ist *besse*r
als ein fetter Prozeß.

Es ist leichter veracht'
als *besser* gemacht.

Genug ist *besser* als zuviel.

Könnte man alles zweimal machen,
so stünd' es *besser* in allen Sachen.

Spät ist *besser* als gar nicht.

Vorsicht ist *besser* als Nachsicht.

Wenn das Gute fehlt,
muß man das *Bessere* nehmen.

All Ding, das sich *bessert*, ist gut.

Furcht *bessert* nicht.

Man ändert sich oft
und *bessert* sich selten.

Wer den Guten ermahnt,
bessert ihn.

Einsicht ist der erste Schritt
zur *Besserung*.

Das *Beste* holt der Teufel zuerst.

Das *Beste* kommt zuletzt.

Der *beste* Spiegel
ist ein alter Freund.

Der erste Eindruck ist der *beste*.

Die *besten* Mahner
sind die schlimmsten Zahler.

Ein guter Freund
ist der *beste* Arzt.

Früh nieder, früh auf
ist der *beste* Lebenslauf.

Gewohnheit ist der *beste*
Lehrmeister.

Hunger ist der *beste* Koch
(mag er's nicht, so ißt er's doch).

Man muß das *Beste* hoffen,
das Schlimme kommt von selbst.

Mäßig Feuer kocht am *besten*.

Verzeihen ist die *beste* Rache.

Vorrat ist der *beste* Rat.

Wenn's am *beste*n schmeckt,
soll man aufhören.

Wer zuletzt lacht, lacht am *besten*.

Kurze *Besuche* verlängern die
Freundschaft.

Besser ackern und düngen
als beten und singen.

Es *beten* nicht alle,
die in die Kirche gehen.

Not lehrt *beten*.

Wer redet, was ihm beliebt,
muß hören, was ihn *betrübt*.

Bei großem Gewinn ist großer
Betrug.

Die Welt will *betrogen* sein.

Ein Schelm *betrügt* den andern.

Wer alles weiß, wird auch *betrogen*.

Wer *betrügen* will,
spinnt feine Fäden.

Wer dich einmal *betrügt*,
tut dir unrecht;
wer dich zweimal *betrügt*
tut dir recht.

Wer selbst geht,
den *betrügt* der Bote nicht.

Wer sich selbst *betrügt*,
der ist am ärgsten *betrogen*.

Narren, Kinder und *Betrunkene*
sagen die Wahrheit.

Auf harten *Betten* schläft sich's
sanft.

Es schläft nicht jeder,
der im *Bette* liegt.

Im *Bett* ist alles wett.

Im eigenen *Bett*
schläft sich's am besten.

Teilt sich das *Bett*,
so scheiden sich die Herzen.

Wer mit Hunden zu *Bett* geht,
steht mit Flöhen auf.

Zu *Bett* und Tisch soll man sich
nicht schämen.

Wie man sich *bettet*, so liegt man.

Bei vielen bekommt der *Bettler* viel.

Bettler fasten selten.

Bettelsack sagt, ich habe nie genug.

Wer nach Händeln ausgeht,
kommt mit *Beulen* zurück.

Wenn die *Beute* verzehrt ist,
frißt ein Wolf den andern.

Aus fremdem *Beutel* ist gut zechen
(blechen).

Ein Pfennig zieht den andern aus
dem *Beutel*.

Halb fromm, halb Schalk
füllt *Beutel* und Balg.

Leere *Beutel* klingen nicht.

Wenn der *Beutel* klingt,
so tanzt der Kellner.

Bewahren ist so gut wie erwerben.

Gott *bewahre* uns vor Katzen,
die vorn lecken und hinten kratzen.

Wer den Frieden hütet,
bewahrt einen teuren Schatz.

Glück erwirbt Freunde,
Unglück *bewährt* sie.

Gut gemeint wird oft *beweint*.

Ein Narr ist kein *Beweis*.

Wer zu viel *beweist*, beweist nichts.

Im Unglück *beweist* sich der Mann.

Es ist kein Tor so groß, es gibt noch
einen größeren, der ihn *bewundert*.

Was gut ist, *bezahlt* man nicht zu
teuer.

Wer den Tanz *bestellt* hat,
muß ihn auch bezahlen.

Wer die Schmiede wechselt,
muß die alten Eisen *bezahlen*.

Wer fröhlich singt,
sein Leid *bezwingt*.

Was der Teufel in der *Bibel* sucht,
das findet er.

Wenn es dem Teufel an Jüngern fehlt,
erklärt er die *Bibel*.

Besser *biegen*
als brechen.

Wenn die *Biene* sticht,
verliert sie den Stachel.

Beim *Bier* gibt's viel tapfere Leut'.

Bier auf Wein,
das laß sein;
Wein auf *Bier*,
das rat' ich dir.

Eine schöne Wirtin
verkauft auch saures *Bier*.

Ein *Bild* ist besser
als tausend Wörter.

Billig und gut
sind selten beisammen.

Gekauft ist oft *billiger*
als geschenkt.

Ein *bißchen* krumm
ist nicht dumm.

Ein *bißchen* schief ist ehrlich.

Ein *bißchen* zu spät ist viel zu spät.

Ein *bißchen* zuviel schadet mehr
als ein *bißchen* zuwenig.

Auf einen guten *Bissen*
gehört ein guter Trunk.

Viel danken
heißt heimlich mehr *bitten*.

Wem man die Not klagt,
der ist genug *gebeten*.

Wer einen Hammel will,
muß um einen Ochsen *bitten*.

Wie *gebeten*, also abgeschlagen.

Bitter im Mund
ist dem Herzen gesund.

Dem Kranken schmeckt alles *bitter*.

Je *bitterer* die Schale,
je süßer der Kern.

Muß ist ein *bitteres* Kraut.

Wer Galle im Mund hat,
dem schmeckt alles *bitter*.

Fleißiger Spaten
ist immer *blank*.

Alte Jäger hören noch gern *blasen*.

Man *bläst* so lange in die Asche,
bis einem die Funken in die Augen
fliegen.

Mit vollem Munde ist bös *blasen*.

Was dich nicht brennt,
das *blase* nicht.

Der Mann stirbt,
aber das Amt *bleibt*.

Die Kirche muß im Dorf *bleiben*.

Ein richtiger Ochse
bleibt auf seinem Wege.

Kräht der Hahn auf dem Mist,
ändert sich das Wetter,
oder es *bleibt*, wie es ist.

Schuster, *bleib* bei deinen Leisten!

Den einen wärmt die Sonne,
den andern *blendet* sie.

Ein *Blinder* spottet des Hinkenden.

Ein *Blinder* weist dem anderen den Weg.

Ein *blindes* Huhn findet auch mal ein Korn.

Liebe macht *blind*.

Unter den *Blinden* ist der Einäugige König.

Wenn der *Blinde* den Lahmen trägt, kommen sie beide fort.

Wenn ein *Blinder* den andern führt, fallen sie beide in den Graben.

Hohe Bäume trifft der *Blitz*.

Wenn ein Schaf *blökt*, *blöken* die andern auch.

Man muß die *Blumen* pflücken, wenn sie blühen.

Was nicht *blüht*, das körnert nicht.

Die *Blumen* machen den Garten, nicht der Zaun.

Alte *Böcke* lecken auch gern Salz.

Eine schöne *Blume* steht nicht lange am Wege.

Der *Bock* läßt sein Stoßen nicht.

Je älter der *Bock*, je härter das Horn.

Man muß den *Bock* nicht zum Gärtner machen.

Wenn der *Bock* satt ist, jucken ihm die Hörner.

Die Narren bekommen die besten Karten.

Wer die Geiß im Hause hat,
dem kommt der *Bock* vor die Tür.

Es steht mancher wieder auf,
der auf dem *Boden* liegt.

Handwerk hat goldenen *Boden*.

Borgen macht Sorgen.

Wer *borgt*, muß zahlen.

Auf einen *bösen* Tag
gehört ein guter Abend.

Böses erfährt man früh genug.

Böse Sitten lernt man schnell.

Böses muß man mit Bösem
vertreiben.

Böse Tat trägt böse Frucht.

Das *Böse* glaubt man gern.

Das *Böse* straft sich selber.

Das *Böse* verdirbt das Gute.

Es gibt nur eine *böse*
Schwiegermutter,
aber jeder glaubt, er habe sie.

Es ist nichts *böse* gesagt,
wenn man's nicht böse nimmt.

Es ist nichts so *böse*,
etwas Gutes ist dabei.

Neid sucht *böse* Wege.

Vor *bösen* Mäulern
kann sich niemand hüten.

Vor dem Feuer kann man sich
bewahren, aber nicht vor *bösen*
Menschen.

Da ist das Dach mit Fladen gedeckt (dort herrscht Überfluß; man lebt faul wie im Schlaraffenland).

Wer's nie *bös* macht,
der macht's nie gut.

Die Sonne geht auf
über *Böse* und Gute.

Wenn der *Böse* schläft,
wiegt ihn der Teufel.

Das Unglück
schickt keine *Boten*.

Fetten *Braten*
braucht man nicht zu spikken.

Zuviel Hitze
verdirbt den *Braten*.

Wo's *Brauch* ist,
trägt man den Kuhschwanz
als Halsband.

Wo's der *Brauch* ist,
legt man die Kuh ins Bett.

Eine leere Scheuer
braucht kein Dach.

Ein großes Schiff
braucht viel Wasser.

Ein gutes Pferd
braucht keine Sporen.

Je mehr man hat,
je mehr man *braucht*.

Man lobt keinen, außer er *braucht's*.

Schlechte Ware *braucht* viel Worte.

Wer ein böses Weib hat,
braucht keinen Teufel.

Wer kein Pferd hat,
braucht keine Peitsche.

Zur Suppe *braucht* man keine
Zähne.

Aus Knaben werden Leute,
aus Mädchen werden *Bräute*.

Eine schöne *Braut*
gefällt ohne Schmuck.

Keck holt die *Braut* weg.

Wenn die *Braut* nicht tanzen will,
ist alles Fiedeln umsonst.

Wer's Glück hat,
führt die *Braut* heim.

Wenn man den *Bräutigam*
zur *Braut* treiben muß,
ist die Liebe nicht groß.

Bricht ein Ring,
so bricht die ganze Kette.

Glück und Glas,
wie leicht *bricht* das.

Versprechen soll man nicht *brechen*.

Wer den Hals *brechen* will,
findet die Leiter im Finstern.

Man muß den *Brei* nicht weiter
treten, als er von selbst fließt.

Mit schönen Worten
kocht man keinen *Brei*.

Viele Köche
verderben den *Brei*.

Das Unglück hat *breite* Füße.

Wer ein großes Maul hat, muß auch
einen *breiten* Rücken haben.

Es ist schlecht löschen,
wo das Herz *brennt*.

Gebrannte Kinder
scheuen das Feuer.

Man muß nicht Feuer rufen,
ehe es *brennt*.

Was dich nicht *brennt*,
das blase nicht.

Wenn alte Scheuern *brennen*,
ist kein Löschen mehr.

Wenn das Nachbars Haus *brennt*,
so trägt man Wasser zum eigenen.

Wer zünden will,
muß selber *brennen*.

Die Welt ist nirgend mit *Brettern*
vernagelt.

Man muß das *Brett* bohren,
wo es am dünnsten ist.

Briefe schämen sich nicht.

Geholt ist nicht *gebracht*.

Was das Glück *bringt*,
soll man nicht ausschlagen.

Wer viel *bringt*, wird viel finden.

Ein guter Magen verdaut
auch harte *Brocken*.

Arbeit macht aus Steinen *Brot*.

Ein satter Hund spielt mit dem *Brot*.

Fehlt das *Brot* im Haus,
zieht der Friede aus.

Kunst geht nach *Brot*.

Man ißt so lange weißes *Brot*,
bis man nach schwarzem verlangt.

Ohne Wein und *Brot*
ist die Liebe tot.

Trocken *Brot* macht Wangen rot.

Wer sein *Brot* allein ißt,
muß auch sein Pferd allein satteln.

Wes *Brot* ich ess',
des Lied ich sing'.

Alte *Brüche* sind schwer zu heilen.

Dem fliehenden Feinde
soll man goldene *Brücken* bauen.

Gleiche *Brüder*, gleiche Kappen.

Stiehlt mein *Bruder*,
so hängt ein Dieb.

Wie das Fleisch,
so die *Brühe*.

Was alt ist, *brummt* gern.

Wenn der Bär auch noch so
brummt, tanzen muß er doch.

An kleinen *Brunnen*
löscht man auch den Durst.

Der Krug geht so lange zum
Brunnen, bis er bricht.

Bücher machen Narren und Weise.

Ein gutes *Buch*
lobt sich selbst.

Es studieren nicht alle,
die *Bücher* tragen.

In schönen *Büchern*
blättert man gern.

Sieben alte *Bücher*
hecken leicht ein neues aus.

Wer ein gutes *Buch* verliert,
verliert einen Schatz.

Der *Buchstabe* ist ein Sklave.

Der *Buchstabe* tötet,
der Geist macht lebendig.

Wer aus vielen *Büchsen* schießt,
trifft selten die Scheibe.

Man muß sich oft *bücken*,
ehe der Sack voll ist.

Wer sich viel *bückt*,
stößt wenig an.

Wer erst auf der *Bühne* ist,
kommt auch hinter die Kulissen.

Gewohnheit ist eine leichte *Bürde*.

Aus einem schönen Gesicht
kann man keine *Butter* schlagen.

Butter bei die Fische.

Es ist nicht alles *Butter*,
was von Kühen kommt.

Was keine *Butter* wird, gibt Quark.

Wer *Butte*r auf dem Kopf hat,
muß nicht in die Sonne gehen.

Mancher denkt zu *buttern*
und hat dann Quark im Faß.

Wer gut futtert, der gut *buttert*.

Da ist's gut, wo wir nicht sind.

Der Spatz in der Hand ist besser
als die Taube auf dem *Dach*.

Jedes *Dach* hat sein Ach.

Man fällt besser vom Stuhl
als vom *Dach*.

Wem der Teufel auf dem *Dache* sitzt,
dem scheißt er in die Esse.

Daheim ist der Himmel blauer.

Der Weise ist *daheim*,
wohin der Wind ihn weht.

Die an allen Orten wohnen,
sind an keinem *daheim*.

Froher Sinn ist schnell *dahin*.

Was *dahin* ist,
kommt nicht wieder.

Dicht *daneben* ist auch vorbei.

Viel *danken* heißt heimlich mehr
bitten.

Immer sparen heißt immer *darben*.

Wenn zwei *dasselbe* tun,
so ist es nicht das gleiche.

Was *davonläuft*,
ist leicht abzuwehren.

Wo ein Haufen ist,
da tut ein Hund noch einen *dazu*.

Ein Zaun *dazwischen*
mag die Liebe erfrischen.

Er scheißt auf die Welt (er verachtet die Welt).
Die verkehrte Welt (das Gegenteil dessen, was sein sollte).

Das Schweigen ist des Narren *Decke*.

Wer sich nicht nach der *Decke* streckt,
dem bleiben die Füße unbe*deckt*.

Auf einen schiefen Topf
gehört ein schiefer *Deckel*.

Jeder Topf findet seinen *Deckel*.

Zuviel *Demut* ist halber Stolz.

Gut ge*dengelt*
ist halb gemäht.

Der Mensch *denkt*,
Gott lenkt.

Ein jeder *denkt*,
sein Unglück sei das größte.

Man muß immer weiter *denken*,
als man kommt.

Das *dicke* Ende kommt nach.

Bei *Dieben* lernt man stehlen.

Der *Dieb* meint,
sie stehlen alle.

Die kleinen *Diebe* hängt man,
die großen läßt man laufen.

Ein *Dieb* heißt den andern Spitzbub.

Es sind nicht alle *Diebe*, die der Hund anbellt.

Gelegenheit macht *Diebe*.

Wer ablernt, ist ein ehrlicher *Dieb*.

Wer eimal stiehlt, heißt allezeit ein *Dieb*.

Wer Liebe stiehlt, ist kein *Dieb*.

Wo Schätze sind, da sind auch *Diebe*.

Auf fremden *Dielen* ist gut tanzen.

Wer vielen *dient*, dient niemand.

Wen man liebt, dem *dient* man gern.

Wer bei Verwandten *dient*, braucht die Hölle nicht mehr zu fürchten.

Dienst ist *Dienst* (und Schnaps ist Schnaps).

An drei *Dingen* erkennt man den Weisen: Schweigen, wenn Narren reden; denken, wenn andere glauben; und handeln, wenn Faule träumen.

An sichern *Dingen* ist der Zweifel gut.

Sie haben einander an der Nase (sie betrügen einander). Die Würfel sind gefallen (es ist entschieden). Es hängt vom Fall der Karten ab.

Die *Dinge* scheinen,
die Menschen meinen.

Gut *Ding* will Weile haben.

Wenn ein *Ding* geschehen ist,
verstehen es auch die Narren.

Wer *Disteln* sät,
wird Stacheln ernten.

Eine *Dohle* sitzt gern bei der
andern.

Auf *Donner* folgt Regen.

Ein aufrichtiges *Donnerwetter*
ist besser als ein falsches Vaterunser.

Doppelt hält besser.

Geteilte Freude ist *doppelte* Freude.

Man muß die Kirche
im *Dorf* lassen.

Wo die Hunde bellen,
ist's *Dorf* nicht weit.

Es sticht beizeiten,
was ein *Dorn* werden will.

Keine Rose ohne *Dornen*.

Wegen der Rosen
begießt man die *Dornen*.

Wer barfuß geht,
soll keine *Dornen* säen.

Draußen gejucht, *drinne*n geflucht.

Allzu keck liegt bald im *Dreck*.

Der Sau ist im *Dreck* am wohlsten.

Dreck hält warm.

Eigen *Dreck* stinkt nicht.

Ein alter Besen scheut keinen *Dreck*.

Je mehr man den *Dreck* rührt,
je mehr stinkt er.

Wem zu wohl ist,
der geht in den *Dreck*.

Wenn der *Dreck* Mist wird,
will er gefahren sein.

Wer den Karren in den *Dreck*
geschoben hat, muß ihn wieder
herausziehen.

Wer *Dreck* schickt,
kriegt *Dreck* wieder.

Wer sich zu *Dreck* macht,
den wirft man auf den Mist.

Was rund ist, will sich *drehen*.

Aller guten Dinge sind *drei*.

Drei halten den besten Rat,
wenn zwei nicht dabei sind.

Gast und Fisch bleiben kaum
drei Tage frisch.

Was *drei* wissen,
erfahren hundert.

Wer *drei* Feinde hat,
muß sich mit zweien vertragen.

Schämige Freier, *dreiste* Bräute.

Man soll dem Ochsen, der da *drischt*,
das Maul nicht verbinden.

Wer *dreschen* will,
findet leicht einen Flegel.

Wo zwei sich streiten,
freut sich der *Dritte*.

Es zittert mancher, der *droht*.

Wer *droht*, der will nicht schlagen.

Wer vom *Drohen* stirbt,
den soll man mit Fürzen begraben.

Erst *drückt's*, dann glückt's.

Wer barfuß geht,
den *drückt* kein Schuh.

Wie die Blume, so der *Duft*.

Man muß oft *dulden*, was man nicht
will, um zu bekommen, was man
will.

Allzu klug ist *dumm*.

Die *dümmsten* Bauern
haben die größten Kartoffeln.

Je dicker die Bretter, je tiefer der
Bolz; je *dümmer* der Bengel,
je größer der Stolz.

Lieber ein kluger Tadel
als ein *dummes* Lob.

Wo ein Kluger nichts ausrichtet,
schickt man einen *Dummen* hin.

Dummheit und Stolz
wachsen auf einem Holz.

Der Fuß des Herrn *düngt* den Acker.

Im *Dunkeln* ist gut munkeln.

Im *Dunkeln* sind alle Katzen grau.

Man muß das Brett bohren,
wo es am *dünnsten* ist.

An kleinen Brunnen
löscht man auch den *Durst*.

Die *Ehe* ist Himmel und Hölle.

Es ist keine *Ehe*,
sie hat ihre Wehe.

Keine Schenke ohne Trank,
keine *Ehe* ohne Zank.

Viel *Ehre*, viel Last.

Wer keine Scham hat,
der hat auch keine *Ehre*.

Kunst *ehrt* ihren Meister.

Wer das Alter nicht *ehrt*,
ist des Alters nicht wert.

Wer den Pfennig nicht *ehrt*,
ist des Talers nicht wert.

Ehrgeiz und Flöhe
springen gern in die Höhe.

Ehrlich ist beschwerlich.

Ehrlich währt am längsten.

Ein *ehrliches* Nein
ist besser als zwei falsche Ja.

In einen offenen Kasten greift auch
wohl eine *ehrliche* Hand.

Zwischen *ehrlichen* Leuten
bedarf's keiner Rechnung.

Das *Ei* will immer klüger sein
als die Henne.

Das Geschrei bringt die Henne ums *Ei*.

Ein faules *Ei* verdirbt den Brei.

Wem's glückt,
dem legt ein Hahn *Eier*.

Wer viel *Eier* hat,
macht viel Schalen.

Eine stumpfe Axt
fällt keine *Eiche*.

Blinder *Eifer* schadet nur.

Eifersucht ist eine Leidenschaft, die
mit Eifer sucht, was Leiden schafft.

An fremden Fehlern
erkennt man die *eigenen*.

Der Horcher an der Wand
hört seine *eigne* Schand.

Eigener Herd ist Goldes wert.

Ein jeder kehre
vor seiner *eigenen* Tür.

Im *eigenen* Bett
schläft sich's am besten.

Jeder fasse sich an seine *eigene* Nase.

Jeder krautet in seinem *eigenen* Garten.

Wer in sein *eigenes* Nest scheißt,
der liegt im Dreck.

Wer sein *eigener* Lehrmeister ist,
der hat einen Narren zum Schüler.

Eigenlob stinkt (Freundeslob hinkt).

Eile mit Weile.

Wen der Teufel treibt, der hat *Eile*.

Wer's *eilig* hat,
der gehe langsam.

Unter den Blinden
ist der *Einäugige* König.

Was man sich *eingebrockt* hat,
muß man auch auslöffeln.

Der erste *Eindruck* ist der beste.

Der *eine* pflanzt den Baum,
der andre ißt die Pflaum'.

Der *eine* sorgt für die Wiege,
der andere für das Kind.

Des *einen* Freud',
des andern Leid.

Einer acht's,
der andere verlacht's.

Einer muß der Letzte sein.

Hassen mich die *einen*,
so lieben mich die andern.

Man soll das *eine* tun
und das andere nicht lassen.

Was dem *einen* recht ist,
ist dem andern billig.

Wenn du hörst, was *einer* klagt,
so hör auch, was der andere sagt.

Nicht alles, was wackelt, *fällt ein*.

Was von selbst *einfällt*,
muß man nicht stoßen.

Wem der Teufel *einheizt*,
der friert nicht.

Mit Ruhe *holt* man einen Hasen *ein*.

Einigkeit macht stark.

Wo Verdacht *einkehrt*,
nimmt die Ruhe Abschied.

Man kann auch einem Ochsen
die Haut nur *einmal* abziehen.

Wer *einmal* lügt, dem glaubt man
nicht, und wenn er auch die
Wahrheit spricht.

Wer *einmal* stiehlt,
heißt allezeit ein Dieb.

Liebe deinen Nachbar,
reiß aber den Zaun nicht *ein*.

Wer viel *einrührt*,
muß viel auslöffeln.

Einsicht ist der erste Schritt
zur Besserung.

Wer ein Kartenhaus aufbaut,
dem *stürzt* ein Kartenhaus *ein*.

Eintracht ernährt,
Zwietracht verzehrt.

Wenn dem Esel zu wohl ist,
geht er aufs *Eis* tanzen.

Man muß das *Eisen* schmieden,
solange es heiß ist.

Alles hat ein *Ende*,
nur die Wurst hat zwei.

Er sitzt zwischen zwei Stühlen in der Asche (er verpaßt eine Gelegenheit).

Besser eine *Ende* mit Schrecken
als ein Schrecken ohne Ende.

Wer viel anfängt, *endet* wenig.

Was lange währt,
wird *endlich* gut.

Ein *enger* Schuh drückt,
ein weiter stolpert.

Wer sich *entschuldigt*, klagt sich an.

Wer sich an den Himmel hält,
der hat kein Glück auf *Erden*.

Wer sich zwischen zwei Stühle setzt,
kommt mit dem Arsch auf die *Erde*.

Was drei wissen,
das *erfahren* hundert.

Wer viel *erfährt*,
der muß viel leiden.

Erfahrung macht den Meister.

Liebe ist *erfinderisch*.

Der *Erfolg* gibt recht.

Kleine Geschenke
erhalten die Freundschaft.

Was man nicht *erjagen* kann,
muß man erschleichen.

Freunde *erkennt* man in der Not.

Was nicht verboten ist, ist *erlaubt*.

Wer den Guten *ermahnt*,
bessert ihn.

Wer langsam geht, *ermüdet* nicht.

Es ist ein armer Scherz,
der nicht etwas *Ernst* enthält.

Auch nach einer schlechten *Ernte*
muß man wieder säen.

Auf glühenden Kohlen sitzen
(angstvoll und in großer Ungeduld sein).

Was der Mensch sät,
das wird er *ernten*.

Wer Liebe *ernten* will,
der muß auch Liebe säen.

Wer Wind sät, wird Sturm *ernten*.

Wer zuviel will, *erreicht* nichts.

Es wird mehr *erspart* als gewonnen.

Erst besinn's, dann beginn's.

Erst die Arbeit, dann das Vergnügen.

Erst drückt's, dann glückt's.

Erst leckt die Katze, dann krallt sie.

Erst wäg's, dann wag's.

Der *erste* Eindruck ist der beste.

Die *erste* Liebe ist die beste.

Die *Ersten* werden die Letzten sein.

Erstens kommt es anders,
zweitens als man denkt.

Wer sich *ertränken* will,
findet überall Wasser.

In schönen Wassern kann man auch
ertrinken.

Bewahren ist so gut wie *erwerben*.

Freunde muß man sich *erwerben*.

Glück *erwirbt* Freunde,
Unglück bewährt sie.

Liebe kann man nicht *erzwingen*.

Besser *Esel* treiben
als selber Säcke tragen.

Den Sack schlägt man,
den *Esel* meint man.

Der *Esel* nennt sich selbst zuerst.

Einem willigen *Esel* packt jeder auf.

Wenn dem *Esel* zu wohl ist,
geht er aufs Eis tanzen.

Wenn man den *Esel* nennt,
kommt er gerennt.

Wenn's die Farbe täte,
wäre der *Esel* eine Nachtigall.

Wem der Teufel auf dem Dache sitzt,
dem scheißt er in die *Esse*.

Wer sich selber in die *Esse* hängt,
der muß nicht über Rauch klagen.

Der Appetit kommt beim *Essen*.

Essen und Trinken
hält Leib und Seele zusammen.

Es wird nichts so heiß *gegessen*,
wie es gekocht wird.

Man soll niemand zu seinem
Freunde wählen, bevor man einen
Scheffel Salz mit ihm *gegessen* hat.

Was der Bauer nicht kennt,
das *ißt* er nicht.

Wer mit dem Teufel *essen* will,
muß einen langen Löffel haben.

Wes Brot ich *ess'*,
des Lied ich sing'.

Essig ist auch ein Sohn des Weins.

Ein kleines *Etwas* ist besser
als ein großes Garnichts.

Gut *Exempel*, halbe Predigt.

Wer betrügen will,
spinnt feine *Fäden*.

Zu fein gesponnen,
reißt der *Faden*.

Knarrende Wagen *fahren* am
längsten.

Laß *fahren*, was nicht bleiben will.

Wer den Teufel geladen hat,
muß ihn auch *fahren*.

Wer langsam *fährt*,
kommt auch in die Stadt.

Auf den ersten Streich *fällt* kein
Baum.

Der Apfel *fällt* nicht weit vom
Stamm.

Die Katze *fällt* immer wieder auf
die Füße.

Durch *Fallen* lernt man gehen.

Einer Wand, die *fallen* will,
gibt jeder gern einen Schubs.

Es ist noch kein Meister vom
Himmel *gefallen*.

Fallen ist keine Schande,
aber nicht wieder aufstehen.

Man *fällt* besser vom Stuhl
als vom Dach.

Stolpern ist besser als *fallen*.

Wenn der Stein *fällt*,
so fällt er auf den kranken Fuß.

Wer liegt, kann nicht *fallen*.

Wo gehobelt wird, da *fallen* Späne.

Besser grob als *falsch*.

Ein ehrliches Nein
ist besser als zwei *falsche* Ja.

Hier zieht die Sau den Zapfen raus (Mißwirtschaft und Nachlässigkeit rächen sich).

Was gestern richtig war,
kann morgen *falsch* sein.

Mit Speck *fängt* man Mäuse.

Wenn man den Habicht nicht *fangen*
kann, muß man ihn Adler rufen.

Wer den Wurm nicht wagt,
wird den Fisch nicht *fangen*.

Wer Grillen jagt,
wird Grillen *fangen*.

Wo alle stehlen, ist es schwer,
einen Dieb zu *fangen*.

Wenn der Wein gärt, muß man das
Faß nicht verstopfen.

Wer zuviel *faßt*, läßt viel fallen.

Faule Leute haben die meiste Arbeit.

Stehendes Wasser wird *faul*.

Was bald reif wird,
wird bald *faul*.

Abends wird der *Faule* fleißig.

Wer eine Gans rupfen will,
fängt bei den *Federn* an.

Wenn das Tor offen ist, laufen die Schweine ins Korn (ohne Aufsicht geht alles drunter und drüber).

Volle *Fässer* brauchen starke Reifen.

Wer *Federn* hat,
den kann man rupfen.

Dem Gesunden *fehlt* viel,
dem Kranken nur eins.

Wem es an Gesellschaft *fehlt*,
der macht seine Narrheiten allein.

Wer genug hat, dem *fehlt* nichts.

Der Freunde *Fehler* soll man kennen,
aber nicht nennen.

Die Jugend ist kein *Fehler*
und das Alter kein Verdienst.

Zu jung ist ein *Fehler*,
der sich täglich bessert.

Wer nichts hofft,
dem geht nichts *fehl*.

Dem *Feigen* zeigt das Glück den
Rücken.

Man soll nicht *feilschen*,
was man nicht kaufen will.

Aus grober Wolle wird nie *feines*
Tuch.

Es ist nichts so *fein* gesponnen,
es kommt doch endlich
an die Sonnen.

Die nächsten Freunde,
die ärgsten *Feinde*.

Einem fliehenden *Feind*
soll man goldene Brücken bauen.

Feindes Mund
spricht selten gut.

Man soll die Stadt nicht anzünden,
ehe der *Feind* kommt.

Man soll weder dem *Feinde* noch
dem Freunde den Rücken kehren.

Wenn der *Feind* im Hause ist,
muß man ihn nicht draußen suchen.

Wenn dich dein *Feind* rechts schickt,
so gehe links.

Wenn einer keinen *Feind* hat,
so geht's ihm übel.

Wenn *Feinde* gute Worte geben,
haben sie Böses im Sinn.

Wer drei *Feinde* hat,
muß sich mit zweien vertragen.

Wer keinen *Feind* hat,
der hat auch keinen Freund.

Wer nicht leiht, verliert die
Freunde, und wer leiht, der macht
sich *Feinde*.

Alte *Feindschaft* ist bald erneuert.

Die *Feindschaft* des Weisen ist besser
als die Freundschaft des Toren.

Das *Feld* muß schwächer sein als
der Bauer.

Rührige Hand
macht aus *Felsen* Gartenland.

Alte Häuser haben trübe *Fenster*.

Jede Sau nennt ihre *Ferkel* schön.

Von der Sau lernen die *Ferkel*
grunzen.

Wenn das *Ferkel* satt ist,
stößt es den Trog um.

Die Liebe aus der *Ferne*
bleibt am längsten warm.

Man muß die *Feste* feiern, wie sie
fallen.

Man redet so lange vom *Feste*,
bis es kommt.

Ein magerer Vergleich ist besser
als ein *fetter* Prozeß.

Selber essen macht *fett*.

Fett schwimmt oben.

Alte Besen wirft man ins *Feuer*.

Es ist bald ein *Feuer* angeblasen,
aber nicht so bald gelöscht.

Feuer fängt mit Funken an.

Feuer hört nicht auf zu brennen,
man tue denn das Holz weg.

Feuer im Herzen bringt Rauch in
den Kopf.

Gebranntes Kind
scheut das *Feuer*.

Große *Feuer* bläst der Wind
nicht aus.

Man muß nicht *Feuer* rufen,
ehe es brennt.

Mäßig *Feuer* kocht am besten.

Mit eines andern Arsch ist gut
durchs *Feuer* fahren.

Wozu ein *Feuer* anblasen,
das von selber brennt.

Wer sich immer zu Hause gewärmt,
seht sich nach fremdem *Feuer*.

Viel Rauch,
wenig *Feuer*.

Sie hängt ihrem Mann den blauen Mantel um (sie betrügt ihn).

Was man im *Feuer* verloren,
muß man in der Asche suchen.

Wer andere *Feuer* schürt
dem verlöscht das eigene.

Wer dem *Feuer* zusieht, den frißt es.

Wo man mit *Feuerbränden* wirft,
bläst der Teufel in die Asche.

Dem ist leicht *gefiedelt*, der gerne tanzt.

Wenn die Braut nicht tanzen will,
ist alles *Fiedeln* umsonst.

Der Weise sucht die Weisheit,
der Narr hat sie *gefunden*.

Ein blindes Huhn *findet* auch
(ein)mal ein Korn.

Ein Freund ist leichter verloren als
gefunden.

Ein gutes Pferd *findet* bald einen
Reiter.

Es suchen viele, aber nur wenige
finden.

Was der Teufel in der Bibel sucht,
das *findet* er.

Wer dreschen will,
findet leicht einen Flegel.

Wer eine Ausrede sucht,
findet zehn.

Wer lehren will,
findet überall eine Schule.

Wer sich ertränken will,
findet überall Wasser.

Der *Finger* einer Frau zieht stärker
als ein Paar Ochsen.

Gib dem Teufel einen *Finger*,
und er greift nach der ganzen Hand.

Wer dem andern den *Finger* ins
Maul steckt, der will gebissen sein.

Wer den *Finger* nicht heilt,
verliert die Hand.

Wer die *Finger*
zwischen Tür und Angel steckt,
der klemmt sich gern.

Wer die Hand in Teig steckt, dem
bleibt er an den *Fingern* kleben.

Wer mit Honig umgeht,
leckt auch einmal die *Finger*.

Wer Pech hat,
bricht sich den *Finger* im Arsch ab.

Am Fuß der Kerze ist's *finster*.

Auch ein kleines Licht leuchtet in der *Finsternis*.

Der *Fisch* fängt am Kopf an zu stinken.

Gast und *Fisch* bleiben kaum drei Tage frisch.

Große *Fische* fressen die kleinen.

Kleine *Fische* machen große Hechte.

Im Trüben ist gut *fischen*.

Mancher denkt zu *fischen* und krebst nur.

Wer im Winter keine Reusen flicht, kann im Sommer keinen *Fischzug* halten.

Wer dreschen will, findet leicht einen *Flegel*.

Kunst will *Fleiß*.

Mühe und *Fleiß* erhalten den Preis.

Ohne *Fleiß* kein Preis.

Zuviel *Fleiß* fällt auf dem Eis.

Abends wird der Faule *fleißig*.

Der *Fleißige* tut sich nimmer genug.

Ein *fleißiges* Huhn findet auf jedem Mist zu tun.

Fleißiger Herr macht *fleißige* Diener.

Fleißiger Spaten ist immer blank.

Der eine schneidert, der andere *flickt*.

Wer die Kappe gemacht hat,
kann sie auch *flicken*.

Die großen Fische fressen die kleinen.

In der Not frißt der Teufel *Fliegen*.

Wer krank ist,
den ärgert die *Fliege* an der Wand.

Dem *fliehenden* Feinde
soll man goldene Brücken bauen.

Es *fliehen* nicht alle,
die den Rücken wenden.

Wer *flieht*, den jagt man.

Wer vorm Unglück *flieht*,
den jagt es.

Aus einer bitteren Quelle *fließt* kein süßes Wasser.

Einen Sack voll *Flöhe* hütet man leichter als ein junges Mädchen.

Wer mit Hunden zu Bett geht,
steht mit *Flöhen* auf.

Das Glück hat *Flügel*.

Alle *Flüsse* laufen ins Meer.

Ein rinnender *Fluß* läßt sich schwer aufhalten.

Wer *flüstert*, lügt.

Die rauhesten *Fohlen* werden die glattesten Pferde.

Auf einen trüben Morgen *folgt* ein heiterer Tag.

Wer *fortgeht*, ist bald vergessen.

Eine *Frage* gibt die andere.

Besser zweimal *fragen*
als einmal irregehen.

Die Liebe *fragt* nicht, ob sich's schickt.

Durch *Fragen* wird man klug.

Durch *Fragen* wird man klug,
aber unwert.

Fragen kostet nichts.

Mit *Fragen* kommt man durch die ganze Welt.

Nicht auf jede *Frage* gehört eine Antwort.

Wem die Sonne scheint,
der *fragt* nicht nach den Sternen.

Wenn's die Klugen nicht wissen,
so *frage* die Narren.

Wer viel *fragt*,
bekommt viel Antwort.

Wer viel *fragt*,
der lasse sich auch fragen.

Auf heiteren Himmel und lachende *Frauen* ist nicht zu bauen.

Der Finger einer *Frau* zieht stärker als ein Paar Ochsen.

Der Mann macht die *Frau*
und die *Frau* den Mann.

Die *Frauen* sagen wohl die Wahrheit - aber nie ganz.

Die Schönheit seiner *Frau* muß man nicht vor anderen loben.

Eine schöne *Frau* hat immer Recht.

Eine schöne *Frau* will jeder küssen.

Nicht jede *Frau*, welche das Feuer anbläst, will kochen.

Pferde und *Frauen* muß man genau beschauen.

Schöne Tage lobt man abends,
schöne *Frauen* morgens.

Wenn Mann und *Frau* sich streiten,
so bleibe du im Weiten.

Frechheit siegt.

Der ist nicht *frei*,
der seine Ketten mit sich trägt.

Die Gedanken sind *frei*.

Des Menschen *Freien*
sein Verderben oder Gedeihen.

Auf *fremder* Weide ist immer das fetteste Vieh.

Aus *fremder* Küche schmeckt die Suppe gut.

Mit *fremden* Ochsen ist gut pflügen.

Wer sich immer zu Hause gewärmt,
sehnt sich nach *fremdem* Feuer.

Ein Esel ging in die *Fremde*,
und ein Esel kam heim.

Aus Liebe *frißt* der Wolf das Schaf.

Ein gutes Schwein *frißt* alles.

Ein Steckenpferd *frißt* mehr als zehn Ackergäule.

Friß, Vogel, oder stirb!

In der Not *frißt* der Teufel Fliegen (und fängt sie auch noch selber).

Wo der Hund bellt,
da mag er auch *fressen*.

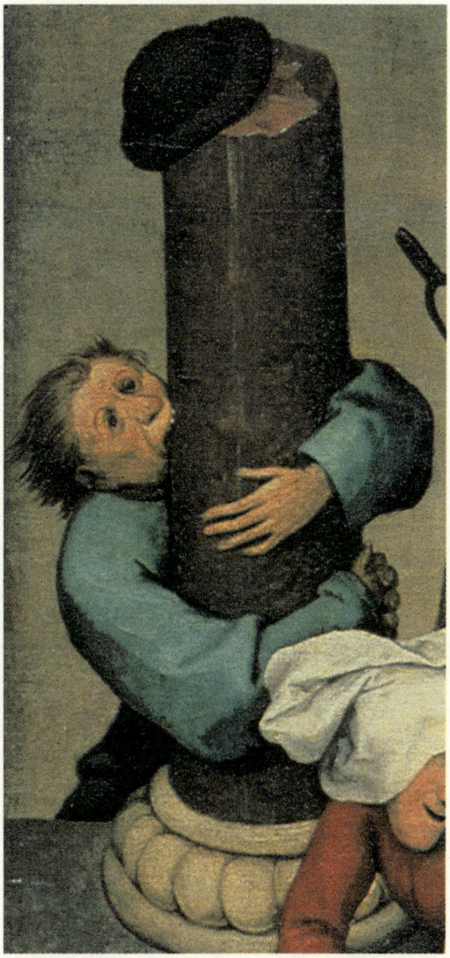

Er ist ein Pfeilerbeißer (ein scheinheiliger Heuchler).

Des einen *Freud'*, des andern Leid.

Geteilte *Freude* ist doppelte *Freude*.

Schadenfreude ist die reinste *Freude*.

Wo *Freude* ist, da ist Gesundheit.

Wenn zwei sich streiten,
freut sich der Dritte.

Aller Leut *Freund*,
jedermanns Geck.

Alte *Freunde* und alter Wein
sind am besten.

Besser ein gutes Wort als einen verlorenen *Freund*.

Dem *Freunde* ist eine Meile kein Umweg.

Des *Freundes* Mängel soll man kennen, aber nicht nennen.

Ein alter *Freund*
ist besser als zwei neue.

Ein alter Irrtum hat mehr *Freunde*
als eine neue Wahrheit.

Ein *Freund* ist des andern Spiegel.

Ein *Freund* ist eher verloren als gefunden.

Freunde erkennt man in der Not.

Gott beschütze mich vor meinen *Freunden*; mit meinen Feinden will ich schon selber fertig werden.

Guter *Freunde* Schelten und Versöhnen findet sich von selbst.

Man kann niemand zum *Freunde* prügeln.

Man muß auch in der Hölle einen guten *Freund* haben.

Man muß erst einen Scheffel Salz mit einem essen, ehe man ihn zum *Freunde* nimmt.

Viel Bekannte,
wenig *Freunde*.

Wer einen Wolf zum *Freund* hat, braucht einen Hund zum Wächter.

Wer mir die Schlinge zeigt,
der ist mein *Freund*.

Wer neue *Freunde* sucht,
vergesse nicht die alten.

Wer vor der Hölle wohnt, muß den Teufel zum *Freund* behalten.

Zu guten *Freunden* ist der Weg nicht weit.

Alte *Freundschaft* ist bald erneuert.

Beim Gelde hört die *Freundschaft* auf.

Eine *Freundschaft* macht die andre.

Eine verlorene *Freundschaft*
ist eine gewonnene Feindschaft.

Kleine Geschenke erhalten die *Freundschaft*.

Kurze Besuche verlängern die *Freundschaft*.

Liebschaft geht über *Freundschaft*.

Ein schlechter *Friede* ist besser als ein guter Krieg.

Es kann der Frömmste nicht in *Frieden* leben, wenn es dem bösen Nachbar nicht gefällt.

Wer den *Frieden* hütet,
bewahrt einen teuren Schatz.

Willst du *Frieden*, so gib *Frieden*.

Wem der Teufel einheizt,
der *friert* nicht.

Frisch gewagt ist halb gewonnen.

Ein *froher* Gast ist niemals Last.

Froher Mut braucht keinen Doktor.

Aus einem *fröhlichen* Herzen
kommen keine Seufzer.

Es ist nicht jeder *fröhlich*,
der tanzt.

Immer *fröhlich* ist selten reich.

Mit *Fröhlichen* soll man *fröhlich*
sein, mit Traurigen traurig.

Fröhlichkeit steckt an.

Es ist gut wohnen,
wo *fromme* Leute sind.

Fromm aus Zwang währt nicht lang.

Wenn der Fuchs schläft,
hält ihn die Welt für *fromm*.

Der *Frosch* läßt sein Quaken nicht.

Wenn sich der *Frosch* zum Ochsen
bläst, so muß er platzen.

Wo *Frösche* sind,
da sind auch Störche.

Wo Pfützen sind,
da sind auch *Frösche*.

Je größer *Frost*, je schwerer Last.

Blüten sind noch keine *Früchte*.

Die schlechtesten *Früchte* sind es
nicht, an denen die Wespen nagen.

Verbotene *Früchte* sind süß.

Besser eine Stunde zu *früh*
als eine Minute zu spät.

Besser *früh* bedacht als spät bereut.

Früh gesattelt, spät geritten.

Früh nieder und früh auf
macht langen Lebenslauf.

Früh übt sich, was ein Meister
werden will.

Wem's allezeit zu *früh* dünkt,
der kommt meist zu spät.

Wer *früh* sät, der *früh* mäht.

Wer's allen recht machen will,
muß *früh* aufstehen.

Zum Unglück kommt man immer
früh genug.

Der *Fuchs* kennt mehr als ein Loch.

Man muß nicht einem jeden sagen,
wo der *Fuchs* Eier legt.

Gegen ein *Fuder* Mist kann man
nicht anstinken.

Die Stöße der Jugend *fühlt* man im Alter.

Wer nicht hören will, muß *fühlen*.

Ein gutes Wort *führt* die Kuh in den
Stall.

Alte *Fuhrleute* sind gute Wegweiser.

Ein guter *Fuhrmann* will auch gute
Fracht.

Man muß auch mal *fünfe* gerade
sein lassen.

In ein Herz voll Zunder muß man
keine *Funken* werfen.

Alte Ochsen machen gerade
Furchen.

Wer den Teufel *fürchtet*, den holt er.

Hüte dich vor denen,
die dich *fürchten*.

Man muß nicht *fürchten*,
was man nicht vermeiden kann.

Wer es *fürchtet*,
den jagt es.

Wer löschen will,
darf das Feuer nicht *füchten*.

Wer sich *fürchtet*, droht gern.

Wer sich *fürchtet*,
ist leicht zu erschrecken.

Besser *furchtsam* als unvorsichtig.

Aus einem verdrießlichen Arsch
fährt kein fröhlicher *Furz*.

Es ist schlimm, wenn man seinem
Arsche keinen *Furz* mehr
anvertrauen kann.

Wer vom Drohen stirbt,
den soll man mit *Fürzen* begraben.

Der *Fuß* des Herrn
düngt den Acker.

Die Katze fällt immer wieder auf
die *Füße*.

Ein williges Herz macht leichte
Füße.

Was man nicht im Kopfe hat,
muß man in den *Füßen* haben.

Wem's in den *Füßen* juckt,
der tanzt ohne Musik.

Wenn der Stein fällt,
so fällt er auf den kranken *Fuß*.

Wer einen *Fuß* im Steigbügel hat,
kommt leicht in den Sattel.

Das *Futter* ist teurer als das Pferd.

Man *füttert* den Hund
um des Herrn willen.

Wer die Katze nicht *füttert*,
muß die Maus füttern.

Wer gut *futtert*, der gut buttert.

Mit kleinen *Gaben* fängt man große.

Hühner, die viel *gackern*,
legen wenig Eier.

Wer durch die Welt will, muß sich krümmen (wer etwas werden will, muß schlau und charakterlos sein).

Wenn einer *gafft*,
so *gaffen* auch die anderen.

Man kann lange *gähnen*, ehe einem eine gebratene Taube ins Maul fliegt.

Die *Gans* läßt ihr Schnattern nicht.

Wenn eine *Gans* kackt,
gähnt der andern 's Löchel.

Allzugut verdirbt's *ganz*.

Der Teil ist oft mehr als das *Ganze*.

Lieber das Halbe *ganz*
als das *Ganze* halb.

Zwei Halbe machen ein *Ganzes*.

Was sich soll klären,
das muß erst *gären*.

Den *Garten* muß man warten.

Die Blumen machen den *Garten*,
nicht der Zaun.

Es wächst mehr im *Garten*,
als man gesät hat.

Jeder krautet in seinem eigenen *Garten*.

Wenn der *Gärtner* schläft, pflanzt der Teufel Unkraut.

Die liebsten *Gäste* kommen von selbst.

Einem *Gast* ist der andere zuwider.

Ein froher *Gast* ist niemals Last.

Wer den Teufel zu *Gast* bittet,
zu dem kommt er.

Ein *Gastwirt* hört auf jeden Namen.

Einem geschenkten *Gaul* sieht man nicht ins Maul.

Wenn die alten *Gäule* in Gang kommen, sind sie nicht zu halten.

Gebärden sind des Herzens Fenster.

Bald *geben* ist doppelt *geben*.

Den Seinen *gibt's* der Herr
im Schlaf.

Der Mensch *gibt* mit Löffeln,
das Glück mit Scheffeln.

Gib dem Teufel einen Finger, und er greift nach der ganzen Hand.

Gott *gibt* einem wohl den Ochsen, aber nicht bei den Hörnern.

Lieber freundlich abgeschlagen als mürrisch *gegeben*.

Wem man zweimal *gibt*, der fordert.

Wer gern *gibt*, läßt sich nicht lange bitten.

Er rennt mit dem Kopf gegen die Wand (er versucht rücksichtslos und jähzornig Unmögliches).

Wer *gibt*, der hat auch.

Wer *gibt*, lehrt *geben*.

Wer mir *gab*, der lehrte mich *geben*.

Wer nichts hat, kann nichts *geben*.

Wer viel verspricht, *gibt* wenig.

Wo der Prophet *geboren* ist, da gilt er nichts.

Not kennt kein *Gebot*.

Gebranntes Kind scheut das Feuer.

Was man nicht *gebraucht*, besitzt man nicht.

Bei jeder *Geburt* wird eine Leiche angesagt.

Der Lügner muß ein gutes *Gedächtnis* haben.

Ein gutes Wort bleibt lange im *Gedächtnis*.

Was nicht im *Gedächtnis* ist, das ist nicht unser.

Die *Gedanken* sind frei.

Gute *Gedanken* brauchen
wenig Worte.

Ein kleines Verzeihen bringt
großes *Gedeihen*.

Das Kräutlein *Geduld* wächst nicht
in allen Gärten.

Geduld frißt den Teufel.

Geduld ist die Schwester
der Weisheit.

Geduld ist gut predigen.

Geduld und Zeit lindern alle
Traurigkeit.

Geduld, Vernunft und Hafergrütze,
die sind zu allen Dingen nütze.

In der Schule der *Geduld* lernt man
nie aus.

Mit *Geduld* und Spucke vertreibt
man manche Mucke.

Wem Gott ein Weib gibt, dem gibt er
auch *Geduld*.

Wo kein Schlüssel paßt,
da öffnet *Geduld*.

Wo Liebe ist, da ist *Geduld*.

Die *Gefahr* flieht, wenn man ihr ins
Auge sieht.

Gefahr wird nicht ohne *Gefahr*
vertrieben.

Wer den Wolf schont, der *gefährdet*
die Schafe.

Neid ist des Glücks *Gefährte*.

Allen muß man nicht *gefallen*.

Dem einen *gefällt* die Mutter,
dem andern die Tochter.

Dem Storch *gefällt*
sein Klappern.

Gefallen macht den Kauf.

Gefällt der Henne der Hahn,
so gefällt ihr auch der Hühnerhof.

Was allen *gefällt*, ist schwer
zu behalten.

Was dem Herzen *gefällt*,
das suchen die Augen.

Gegensätze ziehen sich an.

Im Hause des *Gehängten* redet man nicht vom Strick.

Wer sein eigenes *Geheimnis* nicht bewahren kann, dem darf man kein fremdes anvertrauen.

Durch Fallen lernt man *gehen*.

Was nicht von Herzen kommt, *geht* nicht zu Herzen.

Wenn dich dein Feind rechts schickt, so *gehe* links.

Wenn's nicht anders *geht*, muß man zum Teufel Vetter sagen.

Wenn's nicht *geht*, wie man will, muß man wollen, wie man kann.

Gehorchen ist leichter als befehlen.

Auf einen groben Klotz *gehört* ein grober Keil.

Klappern *gehört* zum Handwerk.

Zu einem großen Sprung *gehört* ein großer Anlauf.

Zur Heirat *gehört* mehr als vier nackte Beine ins Bett.

Wer tanzen will, dem ist gut *geigen*.

Eine alte *Geiß* leckt auch gern Salz.

Wer die *Geiß* im Hause hat, dem kommt der Bock vor die Tür.

Der *Geiz* wächst mit dem Gelde.

Der *Geizige* hängt sich auf, um das Pulver zu sparen.

Geklagtes Leid ist halbes Leid.

Beim *Gelde* hört die Freundschaft auf.

Das *Geld* liegt auf der Straße.

Für *Geld* kann man den Teufel tanzen sehen.

Für *Geld* läßt man den Teufel tanzen.

Geld im Säckel duzt den Wirt.

Geld macht nicht glücklich (aber es beruhigt).

Geld regiert die Welt.

Geld stinkt nicht.

Wer täglich sieht nach seinem Feld,
findet täglich ein Stück *Geld*.

Zeit ist *Geld*.

Gelegenheit macht Diebe.

Guter Wille findet bald *Gelegenheit*.

Wenn man keine *Gelegenheit* hat,
muß man eine machen.

Wer die *Gelegenheit* versäumt, dem
weist sie den Hintern.

Ruhe erzwingt, was sonst nicht
gelingt.

Stirbt der Fuchs, so *gilt* der Balg.

Allzu *gemein* macht klein.

Wo es *genau* ist, da muß man's
genau nehmen.

Mancher ist *genesen*, aber nicht
gesund.

Allzuviel ist nicht *genug*.

Genug ist besser als zuviel.

Wer nie *genug* hat, ist immer arm.

Kein *Genuß* ohne Verdruß.

Seltener *Genuß* erhöht das
Vergnügen.

Alte Ochsen machen *gerade*
Furchen.

Gerade hat viel Ungerade.

Man muß auch mal fünfe *gerade*
sein lassen.

Geradezu bricht oft den Hals.

Allzu *gerecht* macht's meist
schlecht.

Die größte *Gerechtigkeit* ist die
größte Ungerechtigkeit.

Gerechtigkeit macht Unterschiede.

Was einer liebt, das hat er *gern*.

Was man *gern* tut,
ist keine Arbeit.

Wer *gerne* krank ist,
der lacht den Arzt aus.

Wer *gern* lacht,
der kitzelt sich selber.

Wer *gern* tanzt,
dem ist leicht aufzuspielen.

Wer hat's nicht *gern*,
daß man ihn lobt.

Wo einer nicht *gern* ist,
da bleibt er nicht lange.

Das *Gerücht* ist blind, aber es läuft
schneller als der Wind.

Wo man selber spricht,
schweigt das *Gerücht*.

Den Vogel kennt man am *Gesang*.

Geld ist die Seele des *Geschäfts*.

Neue *Geschäfte*, neue Kräfte.

Wer sein *Geschäft* nicht treibt,
den treibt sein *Geschäft*.

Wie ich glaube, so *geschieht* mir.

Das Pferd ist oft *gescheiter*
als der Reiter.

Es ist kein Narr,
er hält sich für *gescheit*.

Gar zu *gescheit* ist doppelt närrisch.

Gescheite Leute haben allzeit
viel zu tun.

Kleine *Geschenke* erhalten
die Freundschaft.

Einem *geschenkten* Gaul
sieht man nicht ins Maul.

Über den *Geschmack*
läßt sich nicht streiten.

Wo Gänse sind, das ist *Geschnatter*.

Wetter und Wind ändern sich
geschwind.

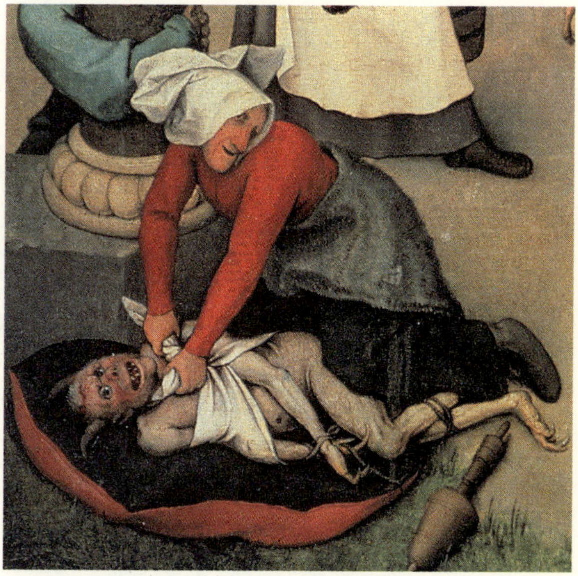

Sie kann sogar den Teufel aufs Kissen binden (ihre boshafte Starrköpfigkeit überwindet selbst den Teufel).

Gleich und gleich *gesellt* sich gern.

Je mehr *Gesetz*, je weniger Recht.

Aus einem schönen *Gesicht* kann man keine Butter schlagen.

Wem der Wind ins *Gesicht* weht, der lernt die Nasen drehen.

Wenn die Sonne auf einen Misthaufen scheint, so antwortet er mit *Gestank*.

Was *gestern* richtig war, kann morgen falsch sein.

Gestrenge Herren regieren nicht lange.

Die Mühle dreht sich nicht vom *gestrigen* Winde.

Allzu *gesund* ist ungesund.

Lachen ist *gesund*.

Wer *gesund* ist, soll nicht klagen.

Dem *Gesunden* fehlt viel, dem Kranken nur eins.

Gesundheit ist der größte Reichtum.

Geteilte Freude ist doppelte Freude, *geteilter* Schmerz ist halber Schmerz.

Jedes *Getreide* hat sein Stroh.

Eine Stunde *gewährt*, was die andere versagt.

Gewalt führt die Kuh nicht in den Stall.

Wo *Gewalt* herrscht, schweigen die Rechte.

Gewarnter Mann ist halb gerettet.

Bei großem *Gewinn* ist großer Betrug.

Schwankender Sinn hat keinen *Gewinn*.

Besser am Dreck *gewinnen* als am Weihrauch verlieren.

Frisch gewagt ist halb *gewonnen*.

Mit klarem Ziel *gewinnt* man viel.

Wer wagt, *gewinnt*.

Wie *gewonnen*, so zerronnen.

Das *Gewisse* findet man
im Ungewissen.

Ein gutes *Gewissen*
ist ein sanftes Ruhekissen.

Der Mensch *gewöhnt* sich an alles.

Wer bei der Schmiede wohnt,
gewöhnt sich ans Hämmern.

Gewohnheit ist der beste
Lehrmeister.

Es ist nicht alles Gold,
was *glänzt*.

Glück und Glas,
wie leicht bricht das.

Wer im *Glashaus* sitzt,
soll nicht mit Steinen werfen.

Die rauhesten Fohlen werden die
glattesten Pferde.

Man *glaubt* an keinen scheißenden
Heiligen.

Was das Auge sieht, *glaubt* das Herz.

Was man wünscht, das *glaubt* man
gern.

Wer einmal lügt, dem *glaubt* man
nicht, und wenn er auch die
Wahrheit spricht.

Wie ich *glaube*, so geschieht mir.

Die *Gläubigen* muß man fern vom
Kloster suchen.

In die Hölle ist es überall *gleich*
weit.

Wenn zwei das *gleiche* tun, so ist es
noch lange nicht dasselbe.

Nichts *gleicht* einem rechtschaffenen
Menschen mehr als ein Schelm.

Ist der Magen satt,
sind die *Glieder* matt.

Jede *Glocke* hat ihren Klöppel.

Man muß nicht alles an die große
Glücke hängen.

Wie einer lebt,
so klingen ihm die *Glocken*.

Bei großem *Glück* ist große Gefahr.

Bei jedem Unglück
ist auch ein *Glück*.

Das *Glück* besucht die Narren wohl,
aber es setzt sich nicht
bei ihnen nieder.

Das *Glück* hat viel Neider.

Das *Glück* kommt über Nacht.

Das *Glück* muß man erobern.

Ein kleines *Glück* ist auch ein *Glück*.

Glück im Spiel,
Unglück in der Liebe.

Glück und Glas,
wie leicht bricht das.

Großes *Glück* ist schwer zu tragen.

Jeder ist seines *Glückes* Schmied.

Man darf nicht schlafen,
wenn das *Glück* vor der Tür steht.

Neues Spiel, neues *Glück*.

Ohne *Glück* ist kein Gelingen.

Tanze, wenn das *Glück* dir pfeift.

Wem das *Glück* aufspielt,
der tanzt auf einem Bein.

Wem das *Glück* wohlwill,
dem kalbt ein Ochse.

Wem das *Glück* zu wohl will,
den macht es zum Narren.

Wenn das *Glück* anklopft,
muß man um Verstand bitten.

Wenn das *Glück* groß ist,
muß man das Unglück fürchen.

Wer sein *Glück* nicht sucht,
der versäumt es.

Erst drückt's, dann *glückt's*.

Geld macht nicht *glücklich*.

Glücklich ist, wer vergißt,
was nicht mehr zu ändern ist.

Wer zufrieden ist, ist *glücklich*.

Wo einer weise ist,
sind zwei *glücklich*.

Dem *Glücklichen*
schlägt keine Stunde.

Gnade geht vor Recht.

Eigener Herd ist *Goldes* wert.

Der Kranich hat den Fuchs zu Gast (zwei Betrüger sind auf ihren Vorteil bedacht). Er ist ein Schaumschläger.

Was nützt ein schöner Teller, wenn nichts drauf ist?

Es ist nicht alles *Gold*, was glänzt.

Guter Ruf ist *Goldes* wert.

Morgenstunde hat *Gold* im Munde.

Reden ist Silber, Schweigen ist *Gold*.

Dem fliehenden Feinde soll man *goldene* Brücken bauen.

Handwerk hat *goldenen* Boden.

Man muß nicht jedes Wort auf die *Goldwaage* legen.

Wer sich selbst nichts *gönnt*, *gönnt* auch anderen nichts.

Der liebe *Gott* hat wunderliche Kostgänger.

Der Mensch denkt, *Gott* lenkt.

Es ist nicht alles *Gottes* Wort,
was gepredigt wird;
es bringt auch mancher seine eigene
Ware mit zu Markte.

Gott beschütze mich
vor meinen Freunden;
mit meinen Feinden will ich schon
selber fertig werden.

Gott gibt einem wohl den Ochsen, aber nicht bei den Hörnern.

Gott sieht das Herz an.

Hilf dir selbst, so hilft dir *Gott*.

Wo *Gott* seine Kirche hat, da hat der Teufel seine Kapelle.

Aus *Gras* wird Heu.

Wer im *Gras* schläft, hat grüne Träume.

Bei Nacht sind alle Katzen *grau*.

In einen offenen Kasten *greift* auch wohl eine ehrliche Hand.

Wer *Grillen* jagt, wird *Grillen* fangen.

Auf einen *groben* Klotz gehört ein grober Keil.

Lieber *grob* als falsch.

Wer sich *grob* benimmt,
wird auch *grob* behandelt.

Gar zu höflich sein
ist auch eine *Grobheit*.

Heimlicher *Groll* sitzt tief.

Das Unglück zeigt den
großen Mann.

Der Teufel scheißt immer auf den
größten Haufen.

Die dümmsten Bauern
haben die *größten* Kartoffeln.

Kleine Diebe hängt man,
große läßt man laufen.

Kleine Kinder, kleine Sorgen,
große Kinder, *große* Sorgen.

Kleine Ursachen, *große* Wirkungen.

Sich selbst überwinden
ist der *größte* Sieg.

Wenn *große* Häuser einstürzen,
gibt es viel Staub.

Wer *Großes* will,
muß *Großes* wagen.

Zu einem *großen* Sprung
gehört ein *großer* Anlauf.

Wer andern eine *Grube* gräbt,
fällt selbst hinein.

Sogar eine Sau *grunzt*,
wenn sie vorbeigeht.

Wie der *Gruß*, so der Dank.

Ungeschickt läßt *grüßen*.

Wie man dich *grüßt*,
so sollst du danken.

Ein Quentchen *Gunst*
gilt mehr als ein Scheffel Recht.

Kunst hat *Gunst*.

Wer bei den Frauen keine *Gunst*
hat, kann sich leicht der Keuschheit
rühmen.

Unter dem *Gürtel* ist kein Verstand.

Starke *Güsse* sind nicht von Dauer.

Aller *guten* Dinge sind drei.

Alles *Gute* kommt von oben.

Bei *gutem* Wetter kann jeder
Steuermann sein.

Das Bessere ist der Feind des *Guten*.

Das *Gute* lobt sich selbst.

Sie scheißen beide durch dasselbe Loch (sie sind unzertrennliche Spießgesellen).
Es hängt wie ein Scheißhaus über dem Graben (die Angelegenheit ist eindeutig).

Der Weg zur Hölle ist mit lauter *guten* Vorsätzen gepflastert.

Die *guten* Jahre müssen die schlechten tragen.

Eine *gute* Sache braucht nicht viel Worte.

Ein *guter* Freund kommt ungebeten.

Ende *gut*, alles *gut*.

Gute Antwort bricht den Zorn.

Gutes Land will *gute* Pflege.

Gute Zimmerleute machen wenige Späne.

Jedes Böse bringt sein *Gutes*.

Kein Buch so schlecht, es steckt was *Gutes* drin.

Mit *gutem* Winde ist *gut* segeln.

Was *gut* ist, holt der Teufel zuerst.

Was lange währt, wird endlich *gut*.

Wer's nie bös macht, der macht's nie *gut*.

Zu *guten* Freunden
ist der Weg nicht weit.

Wer die Schlechten schont,
schadet den *Guten*.

Übermut tut selten (niemals) *gut*.

Wo das Pferd liegt,
da läßt es auch *Haare*.

Hast du was, so bist du was.

Je mehr man *hat*,
je mehr man braucht.

Je mehr man *hat*, je mehr man will,
nie schweigen unsre Wünsche still.

Lerne was, so kannst du was;
schaffe was, so *hast* du was.

Man kann nicht alles *haben*.

Spare in der Zeit,
so *hast* du in der Not.

Was andere *haben*, gefällt uns, und
was wir *haben*, gefällt anderen.

Was du *hast*, das laß dir lieb sein.

Was man *hat*, das *hat* man.

Er wirft sein Geld ins Wasser (er vergeudet sein Geld).

Was einer *haben* soll,
das kriegt er auch.

Was ich *hab'*, das mag ich nicht,
und was ich mag, das *hab'* ich nicht.

Wer *hat* der behalt', Die Liebe wird
kalt, Unglück kommt bald.

Wer nicht *hat*, was er will,
muß wollen, was er *hat*.

Wer nicht will, der *hat* schon.

Wenn man den *Habicht* nicht
fangen kann,
muß man ihn Adler rufen.

Das Pferd will wohl den *Hafer*,
aber nicht den Sattel.

Ein jeder ist *Hahn*
auf seinem Mist.

Kräht der *Hahn* auf dem Mist,
ändert sich's Wetter, oder es bleibt,
wie's ist.

Wem's glückt,
dem legt ein *Hahn* Eier.

Wenn ein *Hahn* kräht,
so krähen sie alle.

Das *Halbe* ist oft besser
als das Ganze.

Ein guter Anlauf
ist der *halbe* Sprung.

Ein kranker Mensch,
ein *halber* Mensch.

Frisch gewagt ist *halb* gewonnen.

Gar zu gut ist *halb* schlimm.

Geteilter Schmerz ist *halber*
Schmerz, geteilte Freude ist
doppelte Freude.

Ordnung ist das *halbe* Leben.

Stöhnen ist die *halbe* Arbeit.

Wer den *Hals* brechen will,
findet die Leiter im Finstern.

Wo's Brauch ist, trägt man den
Kuhschwanz als *Halsband*.

Doppelt *hält* besser.

Fein auf fein *hält* nicht.

Was man nicht *halten* kann,
muß man nicht.

Wenn die alten Gäule in Gang
kommen, sind sie nicht zu *halten*.

Wer sich Störche *hält*,
muß auch für Frösche sorgen.

Wer einen *Hammel* will,
muß um einen Ochsen bitten.

Wer bei der Schmiede wohnt,
gewöhnt sich ans *Hämmern*.

Besser ein Spatz in der *Hand*
als eine Taube auf dem Dach.

Eine *Hand* wäscht die andere.

Es beten nicht alle,
die die *Hände* falten.

In einen offenen Geldkasten greift
auch wohl eine ehrliche *Hand*.

Wenn man dem Teufel
den kleinen Finger bietet,
so will er die ganze *Hand*.

Wer knetet, dem bleibt Teig
an den *Händen*.

Am *Handel* lernt man den Wandel.

Handel hat Wandel.

Jeder *Handel* will seinen Mann
ganz haben.

Handel und Wandel
muß getrieben sein.

Handwerk
hat goldenen Boden.

Klappern gehört
zum *Handwerk*.

Die kleinen Diebe *hängt* man,
die großen läßt man laufen.

Wenn der Maurer gesündigt hat,
soll man nicht den Zimmermann
hängen.

Wer reich werden will in einem Jahr,
der wird *gehängt* in sechs Monaten.

Was *Hänschen* nicht lernt,
lernt *Hans* nimmermehr.

Mit *Harren* und Hoffen
hat's mancher getroffen.

Ein guter Magen verdaut
auch *harte* Brocken.

Es ist kein Stein so *hart*,
man kann ihn polieren.

Hartes Holz will eine starke Axt.

Es gibt mehr *Hasen* als Jäger.

Hinterm Ofen
fängt man keinen *Hasen*.

Mein Name ist *Hase*,
ich weiß von nichts.

Viele Hunde sind des *Hasen* Tod.

Wenn der Hund nicht geschissen
hätte, hätte er den *Hasen*
gehabt.

Hassen mich die einen,
so lieben mich die andern.

Hassen und Neiden muß der
Redliche leiden.

Wer *Haß* sät, erntet Verdruß.

Wer nicht *hassen* kann,
kann auch nicht lieben.

Häßliche Leute sind auch Leute.

Hast hat's oft verpaßt.

Die zu *hastig* vorwärts treiben,
müssen endlich hinten bleiben.

Wer *hastig* klettert, wird eilig fallen.

Viel *hauen* macht stumpfe Beile.

Der Teufel scheißt immer auf den
größten *Haufen*.

Ein kleiner *Haufen*
wäre auch gern groß.

Alte *Häuser* und junge Mädchen
brennen leicht.

Hast du ein *Haus*,
so denk nicht hinaus.

Im *Hause* des Gehängten redet man
nicht vom Strick.

Narren bauen *Häuser*,
der Kluge kauft sie.

Was im *Hause* gekocht wird,
soll man auch im *Hause* essen.

Was man im *Hause* hat, braucht
man nicht draußen zu suchen.

Wen du ins *Haus* läßt,
der kommt dir auch in die Stube.

Wenn der Feind im *Hause* ist, muß
man ihn nicht draußen suchen.

Er spielt auf dem Pranger (er lenkt die Aufmerksamkeit zu Unrecht auf sich).

Wenn die Katze aus dem *Haus* ist,
dann tanzen die Mäuse.

Wenn große *Häuser* einstürzen,
gibt es viel Staub.

Wer die Geiß im *Hause* hat,
dem kommt der Bock vor die Tür.

Wer ein *Haus* kauft, findet's;
wer eins baut, bezahlt es.

Wer sein *Haus* verkaufen will,
der schmückt es.

Mit vielem hält man *haus*,
mit wenigem kommt man aus.

Die *Hechte* werden von kleinen
Fischen groß.

Kleine Fische machen
große *Hechte*.

Liebe geht durch Zaun und *Hecke*.

Zwischen Schaum und *Hefe*
ist das beste Bier.

Alte Brüche sind schwer
zu *heilen*.

Wer *heilen* will, muß weh tun.

Es sind nicht alles *Heilige*,
die in die Kirche gehen.

Man glaubt an keinen scheißenden
Heiligen.

Wer nie ausgeht,
kommt nie *heim*.

Heimlicher Groll sitzt tief.

Was einer öffentlich nicht tun mag,
das soll er auch *heimlich* lassen.

Zur *Heirat* gehört mehr
als vier nackte Beine ins Bett.

Es wird nichts so *heiß* gegessen,
wie es gekocht wird.

Man muß das Eisen schmieden,
solange es *heiß* ist.

Nicht jedes Mädchen *heißt* Marie.

Der Mensch mag noch
so dumm sein,
er muß sich nur zu *helfen* wissen.

Die nicht *helfen* wollen,
hindern gern.

Hilf dir selbst, so *hilft* dir Gott.

Viel *hilft* viel.

Wem (nicht) zu raten ist,
dem ist (auch nicht) zu *helfen*.

Wer *helfen* will,
soll nicht schelten.

Das *Hemd* ist näher als der Rock.

Nicht jeder Topf
hat einen *Henkel*.

Hennen, die viel gackern,
legen wenig Eier.

Was keine *Henne* ist,
muß sich nicht treten lassen.

Niemand kann aus seiner
Haut *heraus*.

Wer den Karren in den Dreck
geschoben hat, muß ihn wieder
herausziehen.

Eigener *Herd* ist Goldes wert.

Der Teufel klopft wohl an,
aber der Mensch ruft *herein*.

Besser beim Herren
als beim *Herrlein*.

Das Auge des *Herrn* schafft mehr
als seine beiden Hände.

Der Fuß des *Herrn*
düngt den Acker.

Der *Herr* befiehlt's dem Knecht,
der Knecht befiehlt's der Katze und
die Katze ihrem Schwanze.

Der *Herr* sieht mit einem Auge
mehr als der Knecht mit vieren.

Die künftigen *Herren* machen die
vorigen fromm.

Es ist besser einem *Herren* dienen,
der eine Herrschaft vertut,
als der eine gewinnen will.

Gestrenge *Herren*
regieren nicht lange.

Neue *Herren* machen neue Wetten.

Neuer *Herr*, neu Beschwer (Gebot).

Niemand kann zwei *Herren* dienen.

Wenn große *Herren* raufen,
müssen die Bauern Haare lassen.

Wie der *Herr*, so's Gescherr.

Den Seinen gibt's der *Herr*
im Schlaf.

Böser Scherz geht ans *Herz*.

Das *Herz* versteint, wenn's
ausgeweint.

Ein argloses *Herz* wird leicht
betrogen.

Ein glückliches *Herz* macht
hüpfende Beine.

Es ist schlecht löschen,
wo das *Herz* brennt.

Es lächelt mancher,
dem das *Herz* weh tut.

Gram bricht auch ein starkes *Herz*.

Liebe im *Herzen*
macht schnelle Füße.

Man kann niemandem
ins *Herz* sehen.

Was dem *Herzen* gefällt,
das suchen die Augen.

Was (nicht) von *Herzen* kommt,
geht (nicht) zu *Herzen*.

Er fischt hinter dem Netz (er verpaßt die Gelegenheit durch nutzloses Tun).

Wes das *Herz* voll ist,
des geht der Mund über.

Man braucht viel *Heu*, um allen
Leuten das Maul zu stopfen.

Wer schmeichelt, der *heuchelt*.

Den einen sticht man mit der Nadel,
den anderen mit der *Heugabel*.

Mit den Wölfen muß man *heulen*.

Das Gestern muß man *heut'*
nicht lästern.

Der *heute* lacht,
kann morgen weinen.

Heute ist die beste Zeit.

Morgen, morgen, nur nicht *heute*,
sagen alle faulen Leute.

Was du *heute* kannst besorgen,
das verschiebe nicht auf morgen.

Der *heutige* Tag ist des gestrigen
Jünger.

Es fällt kein Baum vom ersten *Hieb*.

Heute *hier*, morgen dort.

Eine *Hilfe* ist der anderen wert.

Wer untergehen will,
ruft nicht um *Hilfe*.

Den *Himmel* möchte mancher
erben, aber er will's auch nicht mit
dem Teufel verderben.

Der *Himmel* ist uns überall
gleich nahe.

Es ist dafür gesorgt, daß die Bäume
nicht in den *Himmel* wachsen.

Es ist noch kein Meister
vom *Himmel* gefallen.

Er schüttet die Federn in den Wind (all seine Mühen waren umsonst).

Wer nicht in den *Himmel* will,
braucht keine Predigt.

Wo der *Himmel* aufhört,
da fängt die Hölle an.

Des Menschen Wille
ist sein *Himmelreich*.

Ein gesunder Leib, ein freundliches Weib, Freunde einander gleich, das sind drei Stück vom *Himmelreich*.

Hin wie her
ist gleich weit.

Wer die Leiter *hinauf* will, muß bei der untersten Sprosse anfangen.

Die nicht helfen wollen,
hindern gern.

Niemand *hinkt*
an eines andern Fuß.

Wer andern eine Grube gräbt,
fällt selbst *hinein*.

Es ist keine Scheuer so voll,
es geht noch eine Garbe *hinein*.

Jeder langt in einen offenen
Kasten *hinein*.

Wer im Sumpf steckt,
möchte auch andere *hineinziehen*.

Hinfallen ist keine Schande,
aber liegenbleiben.

Wo die Liebe *hinfällt*,
da bleibt sie liegen.

Eigenlob stinkt, Freundeslob *hinkt*.

Wer überall *hinkommt*,
ist nirgends willkommen.

Wo der Ochse *hinkommt*,
muß er den Pflug ziehen.

Wo nichts ist,
da *kommt* nichts *hin*.

Vorne hui, *hinten* pfui.

Das Schlimme kommt immer
hintennach.

Hinter dem Berge wohnen
auch Leute.

Hinterm Ofen fängt man
keinen Hasen.

Man muß oft *hinter* sich sehen,
wenn man vorwärtskommen will.

Je höher der Affe steigt,
je mehr zeigt er den *Hintern*.

Wer sich den *Hintern* verbrennt,
muß auf den Blasen sitzen.

Wo der Zaun am niedrigsten ist,
da springt der Teufel *hinüber*.

Auch dem besten *Hirten*
frißt der Wolf ein Schaf.

Hitzig ist nicht witzig.

Wo *gehobelt* wird,
fallen Späne.

Hohe Bäume werfen lange Schatten.

Je *höher* Amt, je tiefer Fall.

Wer *hoch* steigt,
den schwindelt leicht.

Eine *Hochzeit* macht die andere.

Man kann nicht auf zwei
Hochzeiten zugleich tanzen.

Hoffen ist ein süßes Leiden.

Hoffen und Harren macht manchen
zum Narren.

Hoffen und Wünschen geht viel in
einen Sack.

Man *hofft*, solange man lebt.

Man soll das Beste *hoffen*,
das Böse kommt von selbst.

Mit Harren und *Hoffen* hat's
mancher getroffen.

Was der Mensch wünscht,
das *hofft* er.

Wer nichts *hofft*,
dem geht nichts fehl.

Die *Hoffnung* ist der
Trägheit Tochter.

Die *Hoffnung* ist ein langes Seil.

Hoffnung braucht man nicht
zu kaufen.

Mit der *Hoffnung*
wächst der Mut.

Wenn das Glück uns verläßt,
so bleibt uns die *Hoffnung*.

Wer liebt, hat alle Taschen
voller *Hoffnung*.

Wo *Hoffnung* einschläft,
wacht Hoffnung auf.

Eine *Höflichkeit* ist der
anderen wert.

Höflichkeit und gute Sitten
machen wohlgelitten.

Das Beste *holt* der Teufel zuerst.

Wer den Teufel fürchtet, den *holt* er.

Der Weg zur *Hölle* ist mit guten
Vorsätzen gepflastert.

Die Ehe ist Himmel und *Hölle*.

Die Tür zur *Hölle* steht immer offen.

Ein armer Teufel muß das Holz zur
Hölle selber tragen.

Ein junger Prediger,
eine neue *Hölle*.

In die *Hölle* ist es überall gleich weit.

Wer den Teufel zum Freunde hat,
hat's gut in der *Hölle*.

Wer vor der *Hölle* wohnt, muß den
Teufel zum Freunde haben.

Hartes *Holz* will eine
starke Axt.

Krummes *Holz* gibt auch
gerades Feuer.

Der *Honig* ist nicht weit
vom Stachel.

Wer *Honig* lecken will,
darf die Bienen nicht scheuen.

Wer mit *Honig* umgeht,
leckt auch einmal die Finger.

Wer sich zu *Honig* macht,
den benaschen die Fliegen.

Wer viel *Honig* schleckt,
muß viel Wermut fressen.

Der *Horcher* an der Wand hört
seine eigne Schand'.

Das Lob, das man *hört*,
ist nicht viel wert.

Der Storch *hört*
sein Klappern gern.

Man *höre* auch den andern Teil.

Rede wenig, *höre* viel.

Er schüttet den Brunnen zu, wenn das Kalb ertrunken ist (erst wenn das Unglück geschehen ist, wird etwas unternommen).

Was die Kinder *hören* im Haus, das
plaudern sie auf der Straße aus.

Wenn du *hörst*, was einer klagt,
so hör auch, was der andere sagt.

Wer nicht *hören* will, muß fühlen.

Wer spricht, was er will, muß *hören*,
was er nicht will.

Wo einer nicht *hören* will,
da ist alles Reden umsonst.

Vom *Hörensagen* kommen die
Lügen ins Land.

Der Stier hat seine *Hörner*
nicht umsonst.

Gott gibt einem wohl den Ochsen,
aber nicht bei den *Hörnern*.

Man muß den Stier bei den
Hörnern packen.

Was *Hörner* hat, will stoßen.

Wem *Hörner* wachsen,
der lernt auch stoßen.

Wenn der Bock satt ist,
jucken ihm die *Hörner*.

Je älter die Kuh,
je *hübscher* das Kalb.

Ein blindes *Huhn* findet auch mal
ein Korn.

Hühner, die viel gackern,
legen wenig Eier.

Bist du nicht *hübsch*, so tu *hübsch*.

Gefällt der Henne der Hahn,
so gefällt ihr auch der *Hühnerhof*.

Außen *hui* und innen pfui.

Alte *Hunde* haben stumpfe Zähne.

Bei *Hunden* und Katzen ist Beißen
und Kratzen.

Bellt ein *Hund*,
so kläffen sie alle.

Den *Hund* schickt man nicht
nach Bratwürsten.

Den letzten beißen die *Hunde*.

Der *Hund*, der den Hasen auspürt,
ist so gut, als der ihn fängt.

Ein alter *Hund* bellt nie umsonst.

Es ist ein schlechter *Hund*,
den man zur Jagd tragen muß.

Es sind nicht alle Diebe,
die der *Hund* anbellt.

Getroffene *Hunde* bellen.

Hätte der *Hund* nicht geschissen,
so hätte er den Hasen gefangen.

Hunde, die bellen, beißen nicht.

Hunde, die einen Braten
gerochen haben, wollen ihn auch
gerne belecken.

Schlafende *Hunde*
soll man nicht wecken.

Viele *Hunde* sind des Hasen Tod.

Was kümmert's den Mond,
wenn ihn die *Hunde* anbellen.

Wenn der *Hund* einen Knochen
sieht, wedelt er mit dem Schwanz.

Wenn die alten *Hunde* bellen,
soll man hinaussehen.

Wer den *Hund* füttert,
dem leckt er die Hände.

Wo die *Hunde* bellen,
ist's Dorf nicht weit.

Was drei wissen,
erfahren *hundert*.

Hunger ist der beste Koch.

Wer selber *hungert*, muß andern
keine Suppe versprechen.

Der ist nicht *hungrig*,
dem Käs' und Brot nicht schmecken.

Ein *hungriger* Bauch
hat keine Scham.

Hungrige Mäuler machen leere
Schüsseln.

Wer bei Tische schläft,
steht *hungrig* auf.

Ein Satter glaubt dem
Hungrigen nicht.

Die Elster läßt ihr *Hüpfen* nicht.

Tanzt die Frau,
so *hüpft* die Magd.

Besser den *Hut* ziehen
als den Beutel.

Man kann nicht alle Köpfe unter einen *Hut* bringen.

Mit dem *Hute* in der Hand kommt man durch das ganze Land.

Unter einem groben *Hut* steckt oft ein gescheiter Kopf.

Es ist leichter, einen Korb voll Flöhe zu *hüten* als ein junges Mädchen.

Was viele begehren,
ist schwer zu *hüten*.

Wer gesund bleiben will, muß sich vor dem Krankwerden *hüten*.

In einer niedrigen *Hütte* wohnen auch Leute.

Wie du mir, so *ich* dir.

Der Teufel scheißt *immer*
auf den größten Haufen.

Eine schöne Frau
hat *immer* recht.

Etwas bleibt *immer* hängen.

Immer krank
und doch keine Leiche.

Immer sachte mit den jungen Pferden.

Wem es *immer* zu früh dünkt, der kommt meist zu spät.

Auswendig fein, *inwendig* ein Schwein.

Besser zweimal fragen als einmal *irregehen*.

Daß viele *irregehen*, macht den Weg nicht richtig.

Wer alle Wege wüßte, der ginge nicht *irre*.

Irren ist menschlich.

Ein alter *Irrtum* hat mehr Freunde als eine neue Wahrheit.

Viel Bücher, viel *Irrtum*.

Ja und nein ist ein langer Streit.

Alter Hund macht gute *Jagd*.

Wen man nicht *jagt*, der soll nicht laufen.

Wer andere *jagt*, wird selber müde.

Wer flieht,
den *jagt* man.

Wer Grillen *jagt*,
wird Grillen fangen.

Wer mit Katzen *jagt*,
bringt Mäuse heim.

Wer vorm Unglück flieht,
den *jagt* es.

Es gibt mehr Hasen als *Jäger*.

Wer mit *Jägern* gehen will,
der muß hetzen.

An *Jahren* jung ist ein Fehler,
der sich alle Tage bessert.

Das *Jahr* hat ein großes Maul.

Das vorige *Jahr* war immer besser.

Die Ernte des Weisen
dauert das ganze *Jahr*.

Die guten *Jahre*
müssen die schlechten tragen.

Die *Jahre* kommen nicht zurück.

Ein gutes *Jahr* dauert nicht lange.

Erfahren kommt mit den *Jahren*.

Wer in einem *Jahre* reich werden
will, kommt in sechs Monaten an
den Galgen.

Je älter die Kuh,
je hübscher das Kalb.

Je fauler der Stamm,
je wohler dem Wurm.

Je fremder, *je* besser.

Je mehr der Rauch aufsteigt,
je mehr zergeht er.

Je mehr man hat,
je mehr man braucht.

Je schöner die Wirtin,
je teurer der Wein.

Je später der Abend,
je schöner die Gäste.

Jeder Tag hat seine Plage.

Jedes Töpfchen
findet sein Deckelchen.

Zu *jedem* Schloß
gibt's einen Schlüssel.

Ein *jeder* redet von seinem Handwerk.

Es ist nicht *jeder* fröhlich, der tanzt.

Jedem das Seine.

Jeder bleibe bei seinem Fach, dann fällt auch kein Schneider vom Dach.

Jeder kehre vor seiner eigenen Tür.

Jeder findet seinen Meister.

Jeder hat seine Grete lieb, und ist sie auch beschnuddelt.

Jeder hat seinen Sparren, und wer's nicht glaubt, hat zwei.

Ein Mann mit einer Zahnbinde (mögliche Deutung: er hat's faustdick hinter den Ohren).

Jeder ist seines Glückes Schmied.

Jeder ist sich selbst der Nächste.

Jeder lobt, was ihm gefällt.

Jeder macht's auf seine Weise (der eine laut, der andre leise).

Jeder schilt's und *jeder* tut's.

Man muß nicht einem *jeden* sagen, wo der Fuchs Eier legt.

Nach der Tat weiß *jeder* guten Rat.

Was *jedem* gefällt, ist schwer zu hüten.

Wer sich zum Esel macht, dem will *jeder* seinen Sack aufladen.

Jedermanns Gesell ist niemands Freund.

Was *jedermann* weiß, ist schwer zu verbergen.

Jenseits des Baches wohnen auch Leute.

Wo es nicht *juckt*, soll man nicht kratzen.

Kerzen für den Teufel anzünden (es ist gut, sich in allen Lagern Freunde zu machen).

Er geht beim Teufel zur Beichte (er gibt seinen Feinden Geheimnisse preis).

Die *Jugend* ist kein Fehler
und das Alter kein Verdienst.

Die Stöße der *Jugend*
fühlt man im Alter.

In der *Jugend* wild,
im Alter mild.

Was man in der *Jugend* wünscht,
das hat man im Alter.

Wer in der *Jugend* nicht töricht war,
wird im Alter nicht weise sein.

Junge Katzen spielen gern.

Junger Most
sprengt alte Schläuche.

Man ist nur einmal *jung*.

Zu *jung* ist ein Fehler,
der sich täglich bessert.

Wie die Alten sungen,
so zwitschern die *Jungen*.

Es ist um die schönste *Jungfer* nicht
schade.

Wenn eine Gans *kackt*,
gähnt der andern's Löchel.

Das *Kalb* will oft klüger sein
als die Kuh.

Nur die allergrößten *Kälber*
wählen ihre Metzger selber.

Wem das *Kalb* gehört,
dem gehört auch der Strick.

Wem das Glück wohlwill,
dem *kalbt* ein Ochse.

Das Alter hat den *Kalender* im
Leibe.

Man muß nicht alles über einen
Kamm scheren.

Man soll den *Karren* nicht vor die
Ochsen spannen.

Wer den *Karren* in den Dreck
schiebt, der soll ihn auch wieder
herausziehen.

Wer ein *Kartenhaus* aufbaut,
dem stürzt ein Kartenhaus ein.

Die dümmsten Bauern
haben die größten *Kartoffeln*.

In einen offenen *Kasten* greift auch
wohl eine ehrliche Hand.

Laß die Katze laufen,
der *Kater* kriegt sie doch.

Wenn der alte *Kater* auch nicht mehr mausen kann, so liegt er doch noch gern vor dem Loche.

Bei Nacht sind alle *Katzen* grau.

Die *Katze* läßt das Mausen nicht.

Junge *Katzen* spielen gern.

Man kauft die *Katze* nicht im Sack.

Wenn die *Katze* aus dem Haus ist, tanzen die Mäuse (auf den Bänken).

Wer die *Katze* nicht füttert,
muß die Maus füttern.

Wo man die *Katze* streichelt,
da ist sie gern.

Gut *gekaut* ist halb verdaut.

Ein jeder *kehre* vor seiner eigenen Tür.

Auf einen groben Klotz
gehört ein grober *Keil*.

Ein *Keil* treibt den andern.

Keine Antwort ist auch eine Antwort.

Keine Regel ohne Ausnahme.

Keine Rose ohne Dornen.

Kein Kläger, *kein* Richter.

Ohne Fleiß *kein* Preis.

Das Glück ist *keinem* treu.

Keiner kann aus seiner Haut heraus.

Des Freundes Mängel soll man *kennen*, aber nicht nennen.

Kennst du einen, so *kennst* du alle.

Was der Bauer nicht *kennt*, das ißt er nicht.

In einer harten Schale steckt oft ein weicher *Kern*.

Es sind nicht alle frei, die ihrer *Ketten* spotten.

Aus *Kindern* werden Leute.

Das *Kind* muß einen Namen haben.

Die besten Eltern haben oft
ungeratene *Kinder*.

Eine Mutter kann zehn *Kinder*
ernähren, aber zehn *Kinder* nicht
eine Mutter.

Gebranntes *Kind* scheut das Feuer.

Kinder und Narren
sagen die Wahrheit.

Kleine *Kinder*, kleine Sorgen;
große *Kinder*, große Sorgen.

Lieben *Kindern* gibt man viele
Namen.

Man soll das *Kind*
nicht mit dem Bade ausschütten.

Was die *Kinder* hören im Haus,
das plaudern sie auf der Straße aus.

Kindermund tut Wahrheit kund.

Es sind nicht alles Heilige,
die in die *Kirche* gehen.

Je näher die *Kirche*, je später hinein.

Kommt der Teufel in die *Kirche*, so
will er auch auf den Altar.

Man soll die *Kirche* im Dorf lassen.

Sorge und *Klage* wächst alle Tage.

Wo kein *Kläger* ist,
da ist auch kein Richter.

Dem Storch gefällt sein *Klappern*.

Klappern gehört zum Handwerk.

Was sich soll *klären*,
das muß erst gären.

Der Schneider trägt zerrissene
Kleider.

Kleider machen Leute.

Auch ein *kleines* Licht
leuchtet in der Finsternis.

Kleine Diebe hängt man,
große läßt man laufen.

Kleine Fische machen große Hechte.

Kleine Geschenke
erhalten die Freundschaft.

Kleine Ursachen, große Wirkungen.

Kleinvieh macht auch Mist.

Fremdes Lob *klingt*,
Freundes Lob hinkt.

Wer ins *Kloster* geht,
darf's nicht mit dem Abt verderben.

Auf einen groben *Klotz*
gehört ein grober Keil.

Der *kluge* Mann baut vor.

Durch Schaden wird man *klug*.

Versuch macht *klug*.

Der *Klügere* gibt nach.

Wo ein *Kluger* nichts ausrichtet,
schickt man einen Dummen hin.

Ein neuer *Knecht*
macht alles recht.

Faule *Knechte* sind gute Propheten.

Wer *knetet*, dem bleibt Teig an den Händen.

Man stößt sich immer an das wunde *Knie*.

Suche dir einen andern Hund, wenn du keine besseren *Knochen* hast.

Viele *Köche* verderben den Brei.

Es wird überall nur mit Wasser *gekocht*.

Es wird nichts so heiß gegessen,
wie es *gekocht* wird.

Mäßiges Feuer *kocht* am besten.

Wer es *kocht*, der richte es auch an.

Das Glück *kommt* über Nacht.

Das Schlimme *kommt* immer hintennach.

Ein Unglück *kommt* selten allein.

Kommt der Teufel in die Kirche,
so will er auch auf den Altar.

Kommt's nicht mit Scheffeln, so
kommt's doch mit Löffeln.

Kommt Zeit, *kommt* Rat.

Langsam *kommt* auch ans Ziel.

Man redet so lange vom Feste,
bis es *kommt*.

Unverhofft *kommt* oft.

Er hat gegen den Mond gepißt (sein Unternehmen ist fehlgeschlagen).
Er pißt gegen den Mond (er strengt sich an, etwas Unmögliches zu erreichen).

Von nichts *kommt* nichts.

Was nicht von Herzen *kommt*,
geht nicht zu Herzen.

Wenn man vom Teufel spricht,
so *kommt* er.

Wenn's *kommt*,
dann *kommt*'s mit Haufen.

Wer nicht *kommt* zur rechten Zeit,
muß nehmen, was übrigbleibt.

Wer zuerst *kommt*, mahlt zuerst.

Wer zuletzt *kommt*,
macht die Tür zu.

Wenn sich die *Könige* raufen,
müssen die Bauern Haare lassen.

Ein jeder tut, so wie er *kann*.

Kannst du's, so treib es;
Weißt du's, so üb es.

Wer *kann*, der *kann*.

Wer nicht *kann*, wie er will,
muß wollen, wie er *kann*.

Wer viel *kann*, muß viel tun.

Der Fisch fängt am *Kopf* an zu
stinken.

Kann man mit dem *Kopf* nicht
durch die Wand,
so kann man durch die Tür.

Man kann nicht alle *Köpfe*
unter einen Hut bringen.

Was man nicht im *Kopf* hat,
muß man in den Beinen haben.

Wer selbst einen *Kopf* hat,
braucht keinen zu borgen.

Ein blindes Huhn
findet auch mal ein *Korn*.

Fragen *kostet* nichts.

Was nichts *kostet*,
taugt auch nichts.

Eine *Krähe* hackt der andern
die Augen nicht aus.

Eine *Krähe* sitzt gern bei der
andern.

Kräht der Hahn auf dem Mist,
ändert sich das Wetter, oder es
bleibt, wie es ist.

Die Zunge stößt immer
an den *kranken* Zahn.

Ein *kranker* Mensch,
ein halber Mensch.

Wenn der Stein fällt,
so fällt er
auf den *kranken* Fuß.

Dem Gesunden fehlt viel,
dem *Kranken* nur eins.

Was dich nicht juckt,
das *kratze* nicht.

Worüber man nicht springen kann,
darunter muß man *wegkriechen*.

Was einer will, das *kriegt* er nicht,
und was er *kriegt*, das will er nicht.

Die schlechten ins *Kröpfchen*;
die guten ins Töpfchen.

Wer eine *Kröte* fressen will,
muß sie nicht lange besehen.

Der *Krug* geht so lange zum
Brunnen, bis er bricht.

Wer nicht kochen kann,
der bleibe aus der *Küche*.

Wer alle Tage *Kuchen* ißt,
sehnt sich nach Brot.

Ehrlich hat die *Kuh* gestohlen.

Gewalt führt die *Kuh*
nicht in den Stall.

Was weiß die *Kuh* vom Sonntag!

Wer seine *Kühe* anspannt,
mag seine Pferde melken.

Kühner Rat ist der beste.

Spröde Magd macht *kühne* Freier.

Was im *Kuhstall* geschieht,
weiß der Ratsschreiber nicht.

Wer erst auf der Bühne ist,
kommt auch hinter die *Kulissen*.

Was *kümmert*'s den Mond,
wenn ihn die Hunde anbellen.

Die schwerste *Kunst*,
sich selber kennen.

Jeder spricht am liebsten
von seiner *Kunst*.

Kunst macht Narren.

Not lehrt viele *Künste*.

Wer die *Kunst* nicht übt,
verliert sie bald.

Mangelt die Gunst,
so brauch deine *Kunst*.

Ein *kurzes* Lied ist bald gesungen.

Kurze Besuche
verlängern die Freundschaft.

Eine schöne Frau will jeder *küssen*.

Was der Pfaffe nicht mag,
das nimmt der *Küster*.

Wer eine *Kutte* trägt,
den hält man für fromm.

Der eine weint, der andere *lacht*.

Einer acht's,
der andere *lacht*'s,
was macht's!

Es *lacht* mancher, der beißen will.

Lachen ist gesund.

Lachen und Weinen
sind in einem Sack.

Was neu ist, *lacht*,
was alt ist, kracht.

Wer zuletzt *lacht*, *lacht* am besten.

Wer den Teufel *geladen* hat,
muß ihn auch fahren.

Wer eine *Lampe* braucht,
darf's Öl nicht sparen.

Andere *Länder*, andere Sitten.

Gutes *Land* will gute Pflege.

Die Leute reden viel,
wenn der Tag *lang* ist.

Ehrlich währt am *längsten*.

Eine schöne Blume
steht nicht *lange* am Wege.

Was *lange* währt,
wird endlich gut.

Wer's *lang* hat, läßt's *lang* hängen.

Gottes Mühlen mahlen *langsam*,
aber trefflich klein.

Wer *langsam* fährt,
kommt auch in die Stadt.

Wer *langsam* geht,
kommt auch zum Ziel.

Die Katze *läßt* das Mausen nicht.

Läßt du einen ins Haus,
so kommt er dir bald in die Stube.

Müßiggang ist aller *Laster* Anfang.

Wen man nicht jagt,
der soll nicht *laufen*.

Wer andere treiben will,
muß selber *laufen*.

Wer *läuft*, den jagt man.

Der *Lauscher* an der Wand
hört seine eigne Schand'.

Man hofft, solange man *lebt*.

Leb wie vor Zeiten,
red wie jetzt.

Solange man *lebt*,
so lange man hofft.

Arbeit macht das *Leben* süß.

Das *Leben* ist kurz,
die Kunst ist lang.

Ordnung ist das halbe *Leben*.

Wer angibt,
hat mehr vom *Leben*.

Eine alte Geiß
leckt auch gern Salz.

Wer mit Honig umgeht,
leckt auch einmal die Finger.

Ein *leerer* Sack steht nicht aufrecht.

Die allzeit *lehren*,
sich nimmer bekehren.

Die Zeit wird's *lehren*.

Not *lehrt* viele Künste.

Sich selber *lehren* macht gescheit.

Wer andere *lehrt*, lernt selbst dabei.

Wer *lehren* will,
findet überall eine Schule.

Fleißige Hörer (Schüler) machen
fleißige *Lehrer*.

Liebe braucht keinen *Lehrer*.

Lehrjahre sind keine Herrenjahre.

Wer sein eigener *Lehrmeister* sein will, hat einen Narren zum Schüler.

Neue Herrschaft,
neue *Lehrzeit*.

Das Alter hat den Kalender im *Leibe*.

Essen und Trinken
hält *Leib* und Seele zusammen.

Jeder hat sein Teufelchen im *Leibe*.

Dem ist *leicht* gefiedelt,
der gerne tanzt.

Es ist *leicht* zu haben,
was niemand begehrt.

Fallen ist *leichter* als aufstehen.

Gehorchen ist *leichter* als befehlen.

Gern tun macht *leichte* Arbeit.

Glück und Glas,
wie *leicht* bricht das.

Wer schön sein will, muß *leiden*.

Wer tut, was er will,
der muß *leiden*, was er nicht will.

Alte Leute
haben täglich neue *Leiden*.

Das alte Lied,
das alte *Leid*.

Geklagtes *Leid* ist halbes *Leid*.

Jeder klagt sein eigen *Leid*.

Klag niemand dein *Leid*,
so wird es nicht breit.

Wer fröhlich singt,
sein *Leid* bezwingt.

Wenn es *leidlich* ist,
so soll man's loben.

Wer nicht *leiht*,
verliert die Freunde,
und wer *leiht*,
der macht sich Feinde.

Unglück ist der beste *Leim*.

Viel tadeln und wenig *leisten*
können die meisten.

Schuster, bleib bei deinen *Leisten*!

Wer den Hals brechen will,
findet die *Leiter* im Finstern.

Wer die *Leiter* hinauf will, muß bei der untersten Sprosse anfangen.

Lerne was, so kannst du was.

Durch Fallen *lernt* man gehen.

Von der Sau *lernen* die Ferkel grunzen.

Was Hänschen nicht *lernt*,
lernt Hans nimmermehr.

Wem man oft schenkt,
der *lernt* fordern.

Wer fragt, der *lernt*.

Wer gehen kann, *lernt* auch springen.

Er hängt seine Kutte über den Zaun (er bricht mit dem Herkömmlichen, ohne zu wissen, ob er sich in seiner neuen Umgebung zurechtfinden kann).

Wer gern Kirschen ißt,
lernt bald klettern.

Wer *lernen* will ohne Buch,
schöpft mit einem Siebe
Wasser in einen Krug.

Den *Letzten*
beißen die Hunde.

Der *Letzte* macht die Tür zu.

Die Ersten werden die *Letzten* sein, und die *Letzten* werden die Ersten sein.

Einer muß der *Letzte* sein.

Alte *Leute* wissen auch nicht alles.

Anderswo gibt's auch *Leute*.

Aus anderer *Leute* Haut
ist gut Riemen schneiden.

Bei anderer *Leute* Feuer
kann man sich auch wärmen.

Die *Leute* müssen was zu reden haben, die Hunde was zu bellen.

Die *Leute* reden viel,
wenn der Tag lang ist.

Einmal in der *Leute* Mund,
kommt man schwer wieder heraus.

Faule *Leute* haben die meiste Arbeit.

Häßliche *Leute* sind auch *Leute*.

Hinter dem Berge
wohnen auch *Leute*.

Kleider machen *Leute*.

Man kann es nicht allen *Leuten*
recht machen, und wenn man sich
die Nase abbeißt.

Tu, was du willst,
die *Leute* reden doch.

Möglich sind folgende Deutungen:
a) Er sieht die Bären tanzen (ihn hungert so sehr, daß er schon Bären tanzen sieht).
b) Wilde Bären sind gern beieinander (welche Schande für den Menschen, daß er mit seinesgleichen nicht auskommt).

Wer mit *Leuten* nichts zu tun haben
will, muß aus der Welt ziehen.

Man muß sein *Licht*
nicht unter den Scheffel stellen.

Wo viel *Licht* ist,
da ist auch viel Schatten.

Lieben Kindern
gibt man viele Namen.

Alte *Liebe* rostet nicht.

Aus *Liebe* frißt der Wolf das Schaf.

Die Augen sind der *Liebe* Tür.

Die *Liebe* geht durch den Magen.

Glück im Spiel,
Pech in der *Liebe*.

Keine *Lieb* ohne Leid.

Klopft die Not an,
so tut die *Liebe* die Tür auf.

Liebe fängt bei sich selber an.

Liebe kann man nicht erzwingen.

Liebe macht blind.

Liebe macht Gegenliebe.

Liebe muß Zank haben.

Liebe will Vertrauen.

Neue *Liebe* macht die alte
vergessen.

Rechte *Liebe* wird vergnügt,
wenn sie ihresgleichen kriegt.

Wenn die *Liebe* so zunähme,
wie sie abnimmt, so fräßen sich die
Eheleute vor *Liebe*.

Wer *Liebe* stiehlt, ist kein Dieb.

Wo die *Liebe* hinfällt,
da bleibt sie liegen.

Wo *Liebe* anklopft,
da macht *Liebe* auf.

Liebe deinen Nächsten,
aber reiße den Zaun nicht nieder.

Lieb dein Weib, so haßt sie dich.

Man *liebt* den Verrat,
nicht den Verräter.

Was einer *liebt*, das hat er gern.

Was *geliebt* will werden,
muß sich danach stellen.

Was *liebt*, das betrübt,
was herzt, das schmerzt.

Was sich *liebt*, das neckt sich.

Wer *liebt*,
hat alle Taschen voller Hoffnung.

Wer *liebt*,
macht sich die Träume selber.

Wer nicht eifert, *liebt* nicht.

Was man treibt,
gewinnt man *lieb*.

Wenn *Lieber* kommt,
muß Leider weichen.

Ein gutes *Lied*
singt man wohl zweimal.

Ein kurzes *Lied* ist bald gesungen.

Ein lustiges *Lied* macht ein
fröhliches Gemüt.

Neue *Lieder* singt man gern.

Allzugut ist *liederlich*.

Wer in sein eigenes Nest scheißt,
der *liegt* im Dreck.

Wie man sich bettet,
so *liegt* man.

Das *Lob*, das man hört,
ist nicht viel wert.

Fremdes *Lob* klingt,
Freundes *Lob* hinkt.

Lob macht nicht satt.

Wer gut ist,
bedarf keines *Lobs*.

Das Werk *lobt* seinen Meister.

Jeder *lobt*
das Seine.

Man soll den Tag
nicht vor dem Abend *loben*.

Wer sich selber *lobt*,
den hassen viele.

Wer das Löchlein nicht stopft,
muß ein *Loch* zumachen.

Kommt es nicht mit Scheffeln,
so kommt es doch mit *Löffeln*.

Man soll den *Löffel* nicht aus der
Hand geben, bis man selbst
gegessen hat.

Wer mit dem Teufel essen will,
muß einen langen *Löffel* haben.

Wo der *Löffel* ausreicht,
da bedarf es der Kelle nicht.

Undank ist der Welt *Lohn*.

Was dich nicht brennt,
sollst du nicht *löschen*.

Eine *Lüge* reicht der anderen die
Hand.

Lügen haben kurze Beine.

Sag eine *Lüge*,
so hörst du die Wahrheit.

Vielleicht sind anderthalb *Lügen*.

Wer einmal *lügt*, dem glaubt man
nicht, und wenn er auch die
Wahrheit spricht.

Wer flüstert, *lügt*.

Der *Lügner*
muß ein gutes Gedächtnis haben.

Lust lehrt pfeifen.

Verbot macht *Lust*.

Wozu der Mensch *Lust* hat,
dazu hat er auch Andacht.

Wozu einer *Lust* hat,
das wird ihm nicht sauer.

Sauer macht *lustig*.

Die Erfahrung *macht*'s.

Könnte man alles zweimal *machen*,
so stünd' es besser in allen Sachen.

Mach dich nicht gemein,
willst du wertgehalten sein.

Was einer ist,
das kann man aus ihm *machen*.

Wer einen guten Tag haben will,
muß ihn sich *machen*.

Wer's nie bös *macht*,
der *macht*'s nie gut.

Wie man's *macht*, *macht* man's falsch.

Wen ein *Mädchen* lachet an,
den will sie drum nicht alsbald han.

Besser den *Magen* gekränkt
als dem Wirt was geschenkt.

Die Liebe geht durch den *Magen*.

Einem gesunden *Magen*
ist alles gesund.

Einem hungrigen *Magen*
ist nicht gut predigen.

Ein *magerer* Vergleich
ist besser als ein fetter Prozeß.

Wer sät,
der *mäht*.

Wer nicht aufschüttet,
kann nicht *mahlen*.

Wer zuerst kommt,
mahlt zuerst.

Die besten *Mahner*
sind die schlimmsten Zahler.

Wer nicht *malen* kann,
muß Farbe reiben.

Des Feundes *Mängel* soll man
kennen, aber nicht nennen.

Eigene *Mängel* sieht man nicht.

Er bindet Gott einen flächsernen Bart um (er betrügt unter der Maske der Scheinheiligkeit).

Mangel an Jahren ist ein Fehler,
der sich mit jedem Tag bessert.

An der Rede erkennt man den
Mann.

Der ist ein *Mann*,
der sich selbst regieren kann.

Der *Mann* ehrt das Amt,
nicht das Amt den *Mann*.

Der *Mann* macht die Frau
und die Frau den *Mann*.

Der *Mann* stirbt,
aber das Amt bleibt.

Einem nackten *Mann* kann man
nicht in die Tasche fassen.

Ein *Mann*, ein Wort.

Wer warten kann,
kriegt auch einen *Mann*.

Ein großer *Markt*
ist selten ohne Diebe.

Wer auf dem *Markte* singt,
dem bellt jeder Hund ins Lied.

Wenn's *Maß* voll ist, läuft es über.

Mäßig Feuer kocht am besten.

Dem Unglück
sind keine *Mauern* zu hoch.

Einem geschenkten Gaul
sieht man nicht ins *Maul*.

Man muß lange warten,
bis einem eine gebratene Taube
ins *Maul* fliegt.

Man soll dem Ochsen,
der da drischt,
das *Maul* nicht verbinden.

Der Katzen Spiel
ist der *Mäuse* Tod.

Eine kluge *Maus*
weiß (hat) mehr als ein Loch.

Mit Speck fängt man *Mäuse*.

Wenn die Katze aus dem Haus ist,
dann tanzen die *Mäuse*.

Wer die Katze nicht füttert,
muß die *Maus* füttern.

Die Katze läßt das *Mausen* nicht.

Lachen ist die beste *Medizin*.

Genug haben ist *mehr* als viel
haben.

Hat man viel,
so braucht man *mehr*.

Je *mehr* Gesetz,
je weniger Recht.

Je *mehr* man hat, je *mehr* man will,
nie schweigen unsre Wünsche still.

Taten sprechen *mehr* als Worte.

Dem Freunde
ist eine *Meile* kein Umweg.

Gut *gemeint* wird oft beweint.

Gut *meinen* und gut machen
sind ganz verschiedene Sachen.

Das Werk lobt seinen *Meister*.

Erfahrung macht den *Meister*.

Es ist noch kein *Meister*
vom Himmel gefallen.

Früh übt sich,
was ein *Meister* werden will.

Übung macht den *Meister*.

Der *Mensch* gewöhnt sich an alles.

Die *Menschen* wollen betrogen sein.

Ein anderer Ort,
ein anderer *Mensch*.

Es sind nicht alle Leute *Menschen*.

Ist der *Mensch* geboren,
so fängt er an zu sterben.

Wie der *Mensch*, so die Arbeit;
wie die Arbeit, so der *Mensch*.

Irren ist *menschlich*.

Kleinvieh macht auch *Mist*.

Kräht der Hahn auf dem *Mist*,
ändert sich's Wetter oder bleibt,
wie's ist.

Willst du keinen Gestank,
so wühle nicht im *Mist*.

Wo der *Mistwagen* nicht hingeht, da
geht auch der Erntewagen nicht hin.

Mitgegangen, mitgefangen;
Mitgestohlen, mitgehangen.

Wo viele gehen, da *geht* man *mit*.

Die Wahrheit liegt in der *Mitte*.

Wo es *Mode* ist, trägt man den
Kuhschwanz als Halsband.

Was ich hab', das *mag* ich nicht,
und was ich *mag*, das hab' ich nicht.

Die *Mönche* sind gut,
aber das Kloster taugt nichts.

Ist der Teufel alt,
so will er *Mönch* werden.

Was kümmert's den *Mond*,
wenn ihn die Hunde anbellen.

Wem der *Mond* scheint,
der fragt nicht nach den Sternen.

Morgen ist auch noch ein Tag.

Morgen ist nicht heute.

Verschiebe nicht auf *morgen*,
was du heute kannst besorgen.

Morgenstunde hat Gold im Munde.

Müde Ochsen treten hart.

Wer andere jagt, wird selber *müde*.

Die *Mühle* dreht sich nicht
vom gestrigen Winde.

Ein jeder leitet das Wasser
auf seine *Mühle*.

Ein Wasser treibt viele *Mühlen*.

Gottes *Mühlen* mahlen langsam,
aber trefflich klein.

Er fängt Fische mit den Händen (er profitiert von der Arbeit anderer - während die anderen die Netze auswerfen, nimmt er die Fische aus dem Netz).

Einen Stint werfen, um einen Kabeljau zu fangen.

Wenn die *Mühle* nicht klappert,
so gibt es kein Mehl.

Man kann den *Mund* lange
aufhalten, bis eine gebratene Taube
hineinfliegt.

Wes das Herz voll ist,
des geht der *Mund* über.

Im Dunkeln ist gut *munkeln*.

Der Ton macht die *Musik*.

Muß es sein, so schick dich drein.

Müßiggang
ist aller Laster Anfang.

Dem einen gefällt die *Mutter*,
dem andern die Tochter.

Eine *Mutter* kann zehn Kinder
ernähren, aber zehn Kinder nicht
eine *Mutter*.

Vorsicht ist die *Mutter* der
Porzellankiste.

Ein *Nachbar* an der Hand ist besser
als ein Freund über Land.

Ernst und Scherz sind oft *Nachbarn*.

Es kann der Frömmste nicht in
Frieden leben, wenn es dem bösen
Nachbar nicht gefällt.

Es klagt mancher über Brot,
und sein *Nachbar* leidet Not.

Liebe deinen *Nachbar*,
reiß aber den Zaun nicht ein.

Es ist schwer, gegen den Strom zu schwimmen.

Nachher ist jeder klug.

Es kommt selten etwas Besseres
nach.

Jeder ist sich selbst der *Nächste*.

Das Glück kommt über *Nacht*.

Wenn's die Farbe täte,
wäre der Esel eine *Nachtigall*.

Wo Habichte wohnen,
schlagen keine *Nachtigallen*.

Einem *nackten* Mann kann man
nicht in die Tasche fassen.

Was sich zu *nahe* kommt,
das reibt sich.

Doppelt *genäht* hält besser.

Das Kind muß einen *Namen* haben.

Ein Gastwirt hört auf jeden *Namen*.

Bücher machen *Narren* und Weise.

Der ist ein *Narr*, der sich nimmt an,
was er nicht vollbringen kann.

Die *Narren* sterben nicht aus.

Ein *Narr* läßt sich nicht raten.

Ein *Narr* lobt den andern.

Es haben nicht alle *Narren* Schellen.

Hoffen und Harren macht manchen
zum *Narren*.

Jedem *Narren* gefällt
seine Kappe.

Neid ist des *Narren* Leid.

Solange ein *Narr* schweigt,
hält man ihn für klug.

Wem das Glück zu wohl will,
den macht es zum *Narren*.

Zuweilen ein *Narr* sein
ist auch eine Kunst.

Zwei *Narren* machen leicht
den dritten.

Narrenhände beschmieren
Tisch und Wände.

Wem es an Gesellschaft fehlt,
der macht seine *Narrheiten* allein.

Zuviel Weisheit ist *Narrheit*.

Allzu klug ist *närrisch*.

Wer das Unterste aus der Kanne
trinkt, dem fällt der Deckel
auf die *Nase*.

Wasch mir den Pelz,
aber mach mich nicht *naß*.

Wo das Glück einkehrt,
da klopft auch der *Neid* an.

Der Esel *nennt* sich selbst zuerst.

Des Freundes Mängel soll man
kennen, aber nicht *nennen*.

Ein *neuer* Knecht
macht alles recht.

Neue Besen kehren gut.

Neue Herrschaft, neue Lehrzeit.

Neue Lieder singt man gern.

Neues Spiel, neues Glück.

Nichts ist so *neu*, als was längst
vergessen ist.

Es wird *nichts* so heiß gegessen,
wie es gekocht wird.

Fragen kostet *nichts*.

Wo was ist, da ist der Teufel;
wo *nichts* ist, da ist er zweimal.

Besser spät als *nie*.

Wer's *nie* bös macht,
der macht's *nie* gut.

In einer *niedrigen* Hütte
wohnen auch Leute.

Wo der Zaun am *niedrigsten* ist,
da springt der Teufel hinüber.

Übermut tut *niemals* gut.

Es hat noch *niemand* je gefreit,
der's nicht manchmal schwer
bereut.

Tue recht und scheue *niemand*.

Den wahren Freund
erkennt man in der *Not*.

In der *Not*
frißt der Teufel Fliegen.

Not lehrt beten.

Not macht aus Steinen Brot.

Not macht erfinderisch.

Spare in der Zeit,
so hast du in der *Not*.

Muß ist eine harte *Nuß*.

Was *nützt*, kann auch schaden.

Wenn einer *nützt*,
so nimmt man ihn vom Galgen.

Alte *Ochsen*
machen gerade Furchen.

Mit fremden *Ochsen*
ist gut pflügen.

Wem das Glück wohlwill,
dem kalbt ein *Ochse*.

Wenn sich der Frosch zum *Ochsen*
bläst, so muß er platzen.

Wer den Pflug hält,
treibt die *Ochsen*.

Wer mit *Ochsen* spricht,
dem geben *Ochsen* Antwort.

Tadele heimlich, lobe *öffentlich*.

Unverhofft kommt *oft*.

Man schmücke den Esel,
er behält doch seine *Ohren*.

Ordnung ist das halbe Leben.

Ordnung muß sein.

Pack schlägt sich,
Pack verträgt sich.

Wer *Pech* hat,
bricht den Finger im Arsch ab.

Wasch mir den *Pelz*,
aber mach mich nicht naß.

Man soll die *Perlen* nicht vor die
Säue werfen.

Das *Pferd*, das am besten zieht,
bekömmt die meisten Schläge.

Ein gutes *Pferd*
braucht keine Sporen.

Wenn der Reiter nichts taugt,
hat das *Pferd* schuld.

Wenn der Gärtner schläft,
pflanzt der Teufel Unkraut.

Der Weg zur Hölle ist mit guten
Vorsätzen *gepflastert*.

Gutes Land will gute *Pflege*.

Wer den Acker *pflegt*,
den *pflegt* der Acker.

Gleiche Rechte,
gleiche *Pflichten*.

Außen hui und innen *pfui*.

Wer andere *plagt*,
hat selbst keine Ruhe.

Jedem Tierchen
sein *Pläsierchen*.

Vorsicht ist die Mutter
der *Porzellankiste*.

Wer immer *predigt*,
kriegt leere Bänke.

Lange *Predigt*, kurze Andacht.

Wer nicht in den Himmel will,
braucht keine *Predigt*.

Ohne Fleiß kein *Preis*.

Ein *Priester* muß
einen Teufel haben.

Probieren geht über Studieren.

Der *Prophet* gilt nichts
in seinem Vaterlande.

Faule Knechte sind
gute *Propheten*.

Wenn der Berg nicht zum
Propheten kommen will, muß der
Prophet zum Berge gehen.

Ein magerer Vergleich ist besser
als ein fetter *Prozeß*.

Wer einen *Prozeß* führt um eine
Kuh, verliert das Kalb dazu.

Prüfe das Neue und das Alte,
und das Beste behalte.

Man bekommt mit dem eigenen
Stock oft die schönsten *Prügel*.

Man kann niemand
zum Freunde *prügeln*.

Wer auf einem *Punkte* bohrt,
macht bald ein Loch.

Pünktlichkeit ist die Höflichkeit
der Könige.

Besser *pusten* als das Maul
verbrannt.

Wie etwas nutzt, so wird es *geputzt*.

Der Frosch läßt sein *Quaken* nicht.

Wer die Wahl hat, hat die *Qual*.

Wer andere *quält*,
schläft selbst nicht gut.

Er trägt das Licht mit Körben an den Tag (er vertut seine Zeit nutzlos).

Mancher denkt zu buttern und hat dann *Quark* im Faß.

Was keine Butter wird, gibt *Quark*.

Aus einer bitteren *Quelle*
fließt kein süßes Wasser.

Der Fluß kommt nach der *Quelle*.

Weiße *Raben* und treue Freunde
findet man selten.

Es gibt keine schönere *Rache*
als Verzeihen.

Das schlimmste *Rad* am Wagen
knarrt am ärgsten.

Klingelt es nicht, so *rappelt* es doch.

Wer nicht *rast* in der Jugend,
der muß im Alter *rasen*.

Wer *rastet,* der rostet.

Oft fehlt's an *Rat*,
doch nie an Räten.

Der eine mit *Rat*,
der andere mit Tat.

Der *Rat* ist bei den Alten.

Eine Handvoll guter Gelegenheit ist
besser als ein Fuder guter *Rat*.

Guter *Rat* ist teuer.

Guter *Rat* kommt nie zu spät.

Kommt Zeit, kommt *Rat*.

Nach der Tat weiß jeder guten *Rat*.

Vorrat ist der beste *Rat*.

Wer *Rat* begehrt, dem ist zu helfen.

Die *Ratten* verlassen
das sinkende Schiff.

Je grüner das Holz,
je dicker der *Rauch*.

Er setzt sich selber ins Licht.
Es sucht keiner den anderen im Ofen,
der nicht selbst darin war.

Wer das Feuer schürt,
muß den *Rauch* leiden.

Wer sich selber in die Esse hängt,
der muß nicht über *Rauch* klagen.

Starke Gluten *rauchen* nicht.

Wenn sich die Könige *raufen*,
müssen die Bauern Haare lassen.

Die *rauhesten* Fohlen
geben die glattesten Pferde.

Wer liebt, der *rechnet* nicht.

Man soll die *Rechnung*
nicht ohne den Wirt machen.

Eine schöne Frau
hat immer *recht*.

Ein neuer Knecht
macht alles *recht*.

Recht getan ist wohlgetan.

Schlecht und *recht* ist gerade *recht*.

Tue *recht* und scheue niemand.

Wer nicht kommt zur *rechten* Zeit,
der muß nehmen, was übrigbleibt.

Wer warten kann,
dem kommt alles zur *rechten* Zeit.

Aus Gewohnheit wird zuletzt *Recht*.

Es genügt nicht, *Recht* zu haben,
man muß es auch bekommen.

Gleiche *Rechte*, gleiche Pflichten.

Gnade geht vor *Recht*.

Recht bleibt *Recht*,
aber man verdreht's gern.

Recht muß *Recht* bleiben.

Strenges *Recht*
verlangt viel Milde.

Wer *Recht* fordert,
muß auch *Recht* pflegen.

Wenn dich dein Feind *rechts*
schickt, so gehe links.

Sanfte *Rede* stillt den Zorn.

Das Herz denkt oft anders,
als der Mund *redet*.

Die Leute müssen was zu *reden*
haben, die Hunde was zu bellen.

Ein jeder *redet*
von seinem Handwerk.

Es ist nicht alles wahr,
was die Leute *reden*.

Jeder *redet*, wie er's versteht.

Klug *reden* kostet kein Geld.

Laß die Leute *reden*,
Gänse können's nicht.

Man *redet* so lange vom Feste,
bis es kommt.

Man *redet* viel, wenn der Tag lang ist.

Reden ist Silber, Schweigen ist Gold.

Tu, was du willst,
die Leute *reden* doch.

Viel *Reden* macht Kopfweh.

Was einen schmerzt,
davon *redet* man gern.

Wenn man vom Teufel *redet*,
so ist er nicht weit.

Wer Gutes hören will, muß Gutes
reden.

Wer *redet*, was er nicht sollte,
muß hören, was er nicht wollte.

Wer viel *redet*,
erfährt wenig.

Wo einer nicht hören will,
da ist alles *Reden* umsonst.

Ausnahmen bestätigen die *Regel*.

Keine *Regel* ohne Ausnahme.

Sich *regen* bringt Segen.

Besser ein ordentlicher *Regen*
als ein stetes Tröpfeln.

Der stärkste *Regen*
fängt mit Tropfen an.

Sonnenschein und *Regen*
bringt dem Menschen Segen.

Was als Dunst aufsteigt,
fällt als *Regen* nieder.

Wer ins Wasser fällt, braucht den
Regen nicht zu fürchten.

Allzuklug *regiert* nicht gut.

Geld *regiert* die Welt.

Gestrenge Herren *regieren*
nicht lange.

Wer *regieren* will,
der muß hören und nicht hören,
sehen und nicht sehen.

Wer *regieren* will, muß einen
freundlichen Kopf aufsetzen.

Wer *regieren* will,
muß Leuten trauen.

Es *regnet* nicht aus jeder Wolke.

Wenn es Brei *regnet*,
hat man keine Schüsseln.

An dem Schwachen
will sich jeder *reiben*.

Ehrlich macht *reich* – aber langsam
geht's her.

Immer fröhlich ist selten *reich*.

Kein Handwerk
macht lauter *reiche* Leute.

Versuch macht klug,
aber selten *reich*.

Viel haben ist nicht *reich*.

Wer *reich* werden will in einem Jahr, der wird gehängt in sechs Monaten.

Dem *Reichen* wiegt der Teufel die Kinder.

Wo der Löffel *reicht*, bedarf's der Kelle nicht.

Gesundheit ist der größte *Reichtum*.

Reichtum macht nicht glücklich.

Was bald *reif* wird, wird bald faul.

Wenn der Apfel *reif* ist, fällt er ab.

Fließendes Wasser hält sich *rein*.

Man kann die Straße kehren, aber *rein* bleibt sie nicht.

Gewitter *reinigen* die Luft.

Sand *reinigt* die Magen.

Junge *Reiser* pfropft man nicht auf alte Stämme.

Reisende Leute soll man nicht aufhalten.

Schlimme Boten *reiten* schnell.

Wen der Teufel *reitet*, der muß wohl von der Stelle.

Der Gaul ist oft klüger als sein *Reiter*.

Ein gutes Pferd findet bald einen *Reiter*.

Man muß das Pferd und nicht den *Reiter* zäumen.

Wenn der *Reiter* nichts taugt, hat das Pferd schuld.

Wenn man den Esel nennt, kommt er *gerennt*.

Wer zwischen zwei Freunden *richtet*, verliert den einen.

Der *Richter* kann kein Kläger sein.

Ein blinder *Richter* hört's Geld auch klingen.

Wo kein Kläger ist, da ist auch kein *Richter*.

Was gestern *richtig* war, kann morgen falsch sein.

Wonach einer *ringt*, das ihm gelingt.

Alte Fässer *rinnen* gern.

Das Hemd ist mir näher
als der *Rock*.

Man macht den *Rock* nach dem
Mann und nicht den Mann nach
dem *Rock*.

Wenn der Wagen *rollt*,
traben die Pferde.

Keine *Rose* ohne Dornen.

Wegen der *Rosen*
begießt man die Dornen.

Ein gutes *Roß* braucht keinen Sporn.

Wer aufs *Roß* kommt,
zieht den Zaum an sich.

Alte Liebe *rostet* nicht.

Wer rastet, der *rostet*.

Wer immer lügt,
wird nicht mehr *rot*.

Es fliehen nicht alle,
die den *Rücken* wenden.

Man soll weder
dem Feinde noch dem Freunde
den *Rücken* kehren.

Wer den Wind im *Rücken* hat,
kommt schnell vorwärts.

Man muß *rückwärts* gehen,
um gut zu springen.

Wer *rückwärts* geht,
läuft dem Teufel in die Arme.

Wie man in den Wald *ruft*,
so schallt es heraus.

Ruhe erzwingt,
was sonst nicht gelingt.

Wer andere plagt,
hat selbst keine *Ruhe*.

Wo Verdacht einkehrt,
nimmt die *Ruhe* Abschied.

Ein gutes Gewissen
ist ein sanftes *Ruhekissen*.

Lobe meine Werke,
so *rühm'* ich deine Stärke.

Rühmt man dich,
so halte dich danach.

Wer bei den Frauen keine Gunst hat,
kann sich leicht
der Keuschheit *rühmen*.

Was sich viel *rührt*,
wächst nicht an.

Rührige Hand
macht aus Felsen Gartenland.

Ist der Ruf erst *ruiniert*,
lebt es sich ganz ungeniert.

An einem *runden* Tische
ist jeder Platz der erste.

Was *rund* ist, will sich drehen.

Viel *rutschen* macht dünne Hasen.

Was man an der *Saat* spart,
verliert man an der Ernte.

Eine gute *Sache*
braucht nicht viel Worte.

Jeder spricht für seine *Sache*.

Immer *sachte*
mit den jungen Pferden.

Besser den Esel treiben
als selbst *Säcke* tragen.

Ein leerer *Sack*
steht nicht aufrecht.

Es sucht keiner den andern im *Sack*,
er habe denn selbst darin gesteckt.

Man kauft die Katze nicht im *Sack*.

Wenn der *Sack* voll ist,
bindet man ihn zu.

Wen man im *Sacke* findet,
den schüttelt man heraus.

Wer sich zum Esel macht,
der muß *Säcke* tragen.

Auf gepflügtem Felde ist gut *säen*.

Man *sät*,
um zu ernten.

Was der Mensch *sät*,
das wird er ernten.

Wer nicht *sät*,
dem nützt das Düngen nichts.

Wer Unkraut *säen* will, braucht den
Boden nicht zu pflügen.

Es ist nichts so gut *gesagt*,
der Teufel legt es für sich aus.

Aus fremder Leute Haut schneidet man gute Riemen (es ist leicht, mit dem Besitz anderer großzügig zu sein).

Der Krug geht so lange zu Wasser, bis er bricht (alles hat seine Grenzen).

Man muß nicht einem jeden *sagen*,
wo der Fuchs Eier legt.

Morgen, morgen, nur nicht heute,
sagen alle faulen Leute.

Kinder und Betrunkene
sagen die Wahrheit.

Sage mir, mit wem du umgehst,
und ich *sage* dir, wer du bist.

Wenn du hörst, was einer klagt,
so hör auch, was der andere *sagt*.

Wer alles *sagt*, was er will,
muß oft hören, was er nicht will.

Wer A *sagt*, muß auch B *sagen*.

Eine alte Geiß
leckt auch gern *Salz*.

Ein gutes Gewissen
ist ein *sanftes* Ruhekissen.

Wo der *Satan* nicht selbst hinkann,
schickt er seine Apostel.

Man wird von allem *satt*, aber eins
schmeckt besser als das andere.

Selber essen macht *satt*.

Was man immer hat,
dessen wird man *satt*.

Wenn die Schweine *satt* sind,
stoßen sie den Trog um.

Ist man erst im *Sattel*,
dann ist das Reiten leicht.

Man muß in allen *Sätteln*
gerecht sein.

Das Beste am Schweinskopf
ist die *Sau*.

Der *Sau* ist im Dreck
am wohlsten.

Jede *Sau* nennt ihre Ferkel schön.

Kraue die *Sau*, bis sie liegt,
dann gib ihr den Stich.

Man soll die Perlen
nicht vor die *Säue* werfen.

Wenn man die *Sau* kitzelt,
so legt sie sich in den Dreck.

Wenn die *Sau* gebadet ist,
legt sie sich wieder in den Dreck.

Sauer macht lustig.

Was nicht *sauer* wird,
das wird auch nicht süß.

Wozu einer Lust hat,
das wird ihm nicht *sauer*.

Wenn *Saufen* eine Ehr ist,
ist Speien keine Schande.

Blinder Eifer *schadet* nur.

Es ist nichts so schlimm,
es hat seinen Nutzen,
und nichts so gut, es kann *schaden*.

Was heute nützt,
kann morgen *schaden*.

Durch *Schaden* wird man klug.

Wer den *Schaden* hat, braucht für
den Spott nicht zu sorgen.

Wer *Schaden* tut,
muß *Schaden* bessern.

Schadenfreude
ist die schönste Freude.

Aus Liebe frißt der Wolf das *Schaf*.

Barmherzigkeit gegen die Wölfe
ist Unrecht gegen die *Schafe*.

Es gehen viele geduldige *Schafe*
in einen Stall.

Man hält das *Schaf*
der Wolle wegen.

Wenn man die *Schafe* schert,
so zittern die Lämmer.

Wer sich zum *Schaf* macht,
den fressen die Wölfe.

Wer *schafft*,
hat keine Langeweile.

Keine Nuß ohne *Schale*.

Ein *Schalk* hält's mit dem andern.

Jeder trägt seinen *Schalk* im Busen.

Wer sich nicht *schämt*,
lebt desto besser.

Zu Bett und Tisch
soll man sich nicht *schämen*.

Alte Sünden machen neue *Schande*.

Fallen ist keine *Schande*,
aber nicht wieder aufstehen.

Allzu *scharf* macht schartig.

Die ungeschicktesten Zimmerleute
brauchen die *schärfsten* Beile.

Jede Henne *scharrt* für sich.

Zu scharf gewetzt
macht *schartig*.

Wer im *Schatten* sitzen will,
muß Bäume pflanzen.

Wo (viel) Licht ist,
da ist auch (viel) *Schatten*.

Wer den Frieden hütet,
bewahrt einen teuren *Schatz*.

Man muß sein Licht
nicht unter den *Scheffel* stellen.

Man soll niemand zu seinem
Freunde wählen, bis man einen
Scheffel Salz mit ihm gegessen hat.

Ist's nicht *gescheffelt*,
so ist's doch gelöffelt.

Scheiden bringt Leiden
(Wiedersehen Freuden).

Scheiden und meiden tut weh.

Der *Schein* trügt.

Die Dinge *scheinen*,
die Menschen meinen.

Wem die Sonne *scheint*,
der fragt nicht nach den Sternen.

Der hat gut *scheißen*,
der den Arsch bei sich hat.

Der Teufel *scheißt* immer
auf den größten Haufen.

Man glaubt an keinen
scheißenden Heiligen.

Wem der Teufel auf dem Dache sitzt,
dem *scheißt* er in die Esse.

Wenn der Hund nicht *geschissen*
hätte, hätte er den Hasen gehabt.

Wer in sein eigenes Nest *scheißt*,
der liegt im Dreck.

Ein Esel *schilt* den andern Langohr.

Wer heftig *schilt*,
vergibt bald.

Wer *schilt*, wird wieder *gescholten*.

Zu sehr gelobt
ist halb *gescholten*.

Besser den Magen verrenkt,
als dem Wirt was *geschenkt*.

Schenken heißt angeln.

Wem man oft *schenkt*,
der lernt fordern.

Wer mir ein Schwein *schenkt*,
dem geb' ich gern eine Wurst.

Scherben bringen Glück.

Wenn man die Schafe *schert*,
so zittern die Lämmer.

Auf *Scherz* folgt Schmerz.

Böser *Scherz* geht ans Herz.

In *Scherz* und Spiel spricht man oft
die Wahrheit.

Wenn der *Scherz* am besten ist,
soll man aufhören.

Wer *Scherz* ausgibt,
muß *Scherz* einnehmen.

Mancher *scherzt* über andere
und verspottet sich selbst.

Gebranntes Kind *scheut* das Feuer.

Die Liebe fragt nicht,
ob sich's *schickt*.

Muß es sein,
so *schick* dich drein.

Wer Dreck *schickt*,
kriegt Dreck wieder.

Ein bißchen *schief* hat Gott lieb.

Auf einen *schiefen* Topf gehört ein
schiefer Deckel.

Die Ratten verlassen
das sinkende *Schiff*.

Neben dem *Schiff*
ist gut schwimmen.

Schimpf will Schaden haben.

Schlechts *Schild* lockt keine Gäste.

Oft *schießen* trifft das Ziel.

Wer *schimpft*, der kauft.

Man muß nicht mehr *schlachten*,
als man salzen kann.

Den Seinen gibt's der Herr
im *Schlaf*.

Auf harten Betten *schläft*
sich's sanft.

Ein jeder *schläft* bei seiner Frau
auf seine Weise.

Es *schlafen* nicht alle,
die die Augen zu haben.

Man darf nicht *schlafen*,
wenn das Glück vor der Tür steht.

Schlafende Hunde
soll man nicht wecken.

Wenn der Böse *schläft*,
wiegt ihn der Teufel.

Wenn der Fuchs *schläft*,
hält ihn die Welt für fromm.

Wenn der Gärtner *schläft*,
pflanzt der Teufel Unkraut.

Wenn die Vernunft *schläft*,
macht das Herz Schlingen.

Wer andere quält,
schläft selbst nicht gut.

Wer *schläft*, sündigt nicht.

Wer viel *schläft*, den schläfert viel.

Dem Glücklichen
schlägt keine Stunde.

Den Sack *schlägt* man,
den Esel meint man.

Man soll seine Feinde nicht zählen,
sondern *schlagen*.

Pack *schlägt* sich, Pack verträgt sich.

Wer *schlagen* will,
muß selbst dabei sein.

Wie man auf einen Stein *schlägt*,
so gibt er Funken.

Jedes Paradies hat seine *Schlange*.

Wer eine *Schlange* aufzieht,
dem wird mit Gift gelohnt.

Schlaue Füchse
werden auch gefangen.

Allzu gerecht
macht's meist *schlecht*.

Auch nach einer *schlechten* Ernte
muß man wieder säen.

Der lebt *schlecht*,
der sich nicht bessert.

Die *schlechtesten* Früchte sind es nicht, an denen die Wespen nagen.

Ein guter Tag
vertreibt zehn *schlechte*.

Es ist nichts so *schlecht*,
es ist zu etwas gut.

Schlechte Ware braucht viel Worte.

Schlecht und recht ist gerade recht.

Wer die *Schlechten* schont,
schadet den Guten.

Durch *Schlechtmachen*
lernt man das Rechtmachen.

Aus *schlichtem* Haus
sieht oft
ein kluger Mann heraus.

Wenn eine Tür sich *schließt*,
tut eine andere sich auf.

Das *Schlimme* kommt immer hintennach.

Die *schlimmsten* Zahler
sind die besten Mahner.

Es ist nichts so *schlimm*,
es hat sein Gutes.

Je *schlimmer* es zugeht,
je fröhlicher soll man sein.

Sie schaut dem Storch nach (sie vertut ihre Zeit).

An den Federn erkennt man den Vogel.

Je *schlimmer* Mensch,
je besser Glück.

Man muß das Beste hoffen,
das *Schlimme* kommt von selbst.

Schlimme Boten reiten schnell.

Wer mir die *Schlinge* zeigt,
der ist mein Freund.

Man wird von allem satt,
aber eins *schmeckt* besser
als das andere.

Verbotene Früchte
schmecken am besten.

Vollem Bauch *schmeckt* alles bitter.

Wenn's am besten *schmeckt*,
soll man aufhören.

Wer *schmeichelt*, der heuchelt.

Wer dem *Schmeichler* zuhört,
muß ihn füttern.

Geteilter *Schmerz*
ist halber *Schmerz*,
geteilte Freude ist doppelte Freude.

Großer *Schmerz* ist stumm.

Wer seine *Schmerzen* klagt,
erleichtert sie.

Was einen *schmerzt*,
davon redet man gern.

Wo es *schmerzt*, da greift man hin.

Ein guter Hammer
macht einen guten *Schmied*.

Jeder ist seines Glückes *Schmied*.

Schmieds Kinder fürchten das
Feuer nicht.

Wer bei der *Schmiede* wohnt,
gewöhnt sich ans Hämmern.

Wer die *Schmiede* wechselt,
muß die alten Eisen bezahlen.

Durch *Schmieden*
wird man ein *Schmied*.

Man muß das Eisen *schmieden*,
solange es heiß ist.

Schlag auf Schlag *schmiedet*
man das Eisen.

Die Wahrheit
bedarf keiner *Schminke*.

Wenn die Rose sich *schmückt*,
so *schmückt* sie
auch den Garten.

Wer sein Haus verkaufen will,
schmückt es.

Dienst ist Dienst,
und *Schnaps* ist *Schnaps*.

Wenn die Gänse *schnattern*,
schweigt die Nachtigall.

Der *Schnee* läßt sich nicht
im Ofen backen.

Aus fremden Häuten
ist gut Riemen *schneiden*.

Bleibt ein jeder bei seinem Fach,
fällt kein *Schneider* vom Dach.

Ein Freund ist *schneller* verloren
als gefunden.

Liebe im Herzen
macht *schnelle* Füße.

Schnell gelernt
ist *schnell* vergessen.

Wer den Wind im Rücken hat,
kommt *schnell* vorwärts.

Wer *schnell* geht,
wird bald müde.

Hart *schneuzen*
macht blutige Nasen.

Alte Kleider und *schöne* Frauen
bleiben überall hängen.

An einem *schönen* Tage muß man
nicht ohne Mantel ausgehen.

Auf einem *schönen* Gesicht
kann man keine Butter schlagen.

Das *Schöne* findet man,
das Wahre muß man suchen.

Die Trommel klingt am *schönsten*
aus der Ferne.

Eine *schöne* Blume
steht nicht lange am Wege.

Eine *schöne* Frau hat immer Recht.

Eine *schöne* Frau will jeder küssen.

Eine *schöne* Wirtin
macht einen teuren Gasthof.

Im *schönsten* Apfel
sitzt der Wurm.

Jede Krähe hält ihre Jungen
für *schön*.

Je später der Abend,
je *schöner* die Gäste.

Man läßt das *Schöne*
nicht fromm sein.

Mit *schönen* Worten
kocht man keinen Brei.

Schöne Seelen finden sich.

Schön ist, was *schön* tut.

Was man liebt, das ist *schön*.

Wer *schön* sein will, muß leiden.

Wer den Wolf *schont*,
der gefährdet die Schafe.

Alter geht vor *Schönheit*.

Die *Schönheit* seiner Frau
muß man nicht vor anderen loben.

Ißt man nicht von der *Schönheit*,
so reibt man sich gern daran.

Schönheit kann man
nicht essen.

Schönheit zieht mehr
als zehn Ochsen.

Von der *Schönheit*
kann man nicht leben.

Der *Schornstein* schimpft
das Ofenloch.

Kann man den Feind nicht schlagen,
so muß man ihn *schrecken*.

Lieber ein Ende mit *Schrecken*
als ein *Schrecken* ohne Ende.

Wer vor *Schreck* stirbt,
wird mit Fürzen begraben.

Schreiende Kinder
machen singende Mütter.

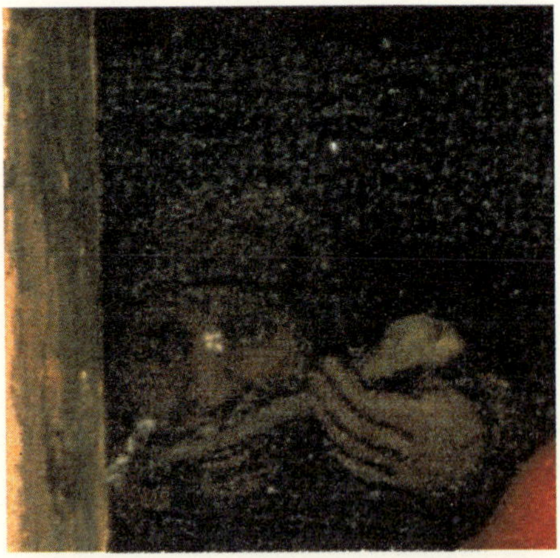

Er nagt immer an einem Knochen herum.

Schreie nicht juchhei,
ehe du über den Graben bist.

Jeder *Schreiner* hat'n Hobel
im Kopf.

Der erste *Schritt* tut die andern mit.

Einsicht ist der erste *Schritt*
zur Besserung.

Einer Wand, die fallen will,
gibt jeder gern einen *Schubs*.

Schüchtern bleibt nüchtern.

Der *Schuh* weiß,
wo der Strumpf Löcher hat.

Er sieht durch die Finger
(er schaut nicht genau hin, weil er auf jeden Fall den Vorteil hat).

Wem der *Schuh* paßt,
der zieht ihn sich an.

Wer barfuß geht,
den drückt kein *Schuh*.

Niemand ist ohne *Schuld*.

Wer *Schulden* hat,
hat auch Kredit.

Was in der *Schule* gekocht wird,
soll auch in der *Schule* gegessen
werden.

Wer lehren will,
findet überall eine *Schule*.

Fleißige *Schüler*
machen fleißige Lehrer.

Der *Schuster* trägt immer
die schlechtesten Stiefel.

Schuster, bleib bei deinen Leisten!

Alter *schützt* vor Torheit nicht.

Der Geist ist willig,
aber das Fleisch ist *schwach*.

An fremden Gebrechen
erkennt man eigne *Schwächen*.

Eine *Schwalbe* macht noch keinen Sommer.

Die Teufel sind alle *schwarz*.

Es *schwatzt* einer den andern
von der Bank und setzt sich dann
selbst darauf.

Wer viel ins Haus *schwatzt*,
der *schwatzt* auch viel heraus.

Reden ist Silber, *Schweigen* ist Gold.

Sprich gut von deinen Freunden
und *schweig* von deinen Feinden.

Wer *schweigt*, stimmt zu.

Wo die Augen sprechen,
kann die Zunge *schweigen*.

Wo man selber spricht,
schweigt das Gerücht.

Das *Schwein* fühlt sich im Dreck
am wohlsten.

Wenn die *Schweine* satt sind,
stoßen sie den Trog um.

Das Beste am *Schweinskopf*
ist die Sau.

Vor den Erfolg
haben die Götter den *Schweiß*
gesetzt.

Aller Anfang ist *schwer*.

Auf einen *schweren* Tag gehört
ein guter Abend.

Der erste Schritt
ist der *schwerste*.

Glück ist *schwer* zu tragen.

Der hat gut *schwimmen*,
den man über Wasser hält.

Fett *schwimmt* oben.

Wem das Wasser ins Maul läuft,
der lernt *schwimmen*.

Wenn's aufs *Schwören* ankommt,
ist die Kuh unser.

Die Augen sind der Spiegel
der *Seele*.

Die *Seele* eines Verliebten
ist nie zu Hause.

Essen und Trinken
hält Leib und *Seele* zusammen.

In die größten *Segel*
fällt der meiste Wind.

Unterm *Segel* ist gut rudern.

Sich regen bringt *Segen*.

Das Pferd *sieht* immer
nach der Krippe.

Eigene Fehler *sieht* man nicht.

Einem geschenkten Gaul
sieht man nicht ins Maul.

Man muß oft hinter sich *sehen*,
wenn man vorwärtskommen will.

Man *sieht*'s am Nest,
was für ein Vogel drin wohnt.

Sehen tut den Augen wohl.

Sieh erst auf dich und die Deinen,
dann schilt mich und die Meinen.

Vier Augen *sehen* mehr
als zwei.

Wer alle Tage Kuchen ißt,
sehnt sich nach Brot.

Die Hoffnung ist ein langes *Seil*.

Hast du was, so *bist* du was.

Muß es *sein*, so schick dich drein.

Sage mir, mit wem du umgehst,
und ich sage dir, wer du *bist*.

Was einer *ist*,
das kann man aus ihm machen.

Was nicht *ist*, kann noch werden.

Wo einer nicht gern *ist*,
da bleibt er nicht lange.

Jedem das *Seine*.

Den *Seinen* gibt's der Herr
im Schlaf.

Jedes Ding hat zwei *Seiten*.

Das Langsamgehen
kommt von *selbst*.

Der Esel nennt sich *selbst* zuerst.

Ein armer Teufel muß das Holz
zur Hölle *selber* tragen.

Gute Ware lobt sich *selbst*.

Selbst getan ist bald getan.

Selbst ist der Mann.

Sich *selbst* besiegen
ist der größe Sieg.

Wer andere jagt,
kann *selbst* nicht ruhen.

Wer andere lehrt, lernt *selbst* dabei.

Wer andere regieren will,
muß zuvor sich *selbst*
beherrschen können.

Wer liebt,
macht sich die Träume *selber*.

Wer *selber* läuft,
den braucht man nicht zu treiben.

Ein altes Dach bedarf vielen Ausbesserns.
Das Dach hat Latten (es gibt Lauscher).

Wer *selber* nichts taugt,
sagt von andern auch nichts Gutes.

Wer sich *selbst* zum Schaf macht,
den beißen die Hunde.

Wer zünden will,
muß *selber* brennen.

Wo man *selber* spricht,
schweigt das Gerücht.

Treue ist ein *seltener* Gast;
halt ihn fest, wenn du ihn hast.

Übermut tut *selten* gut.

Weiße Raben sind *seltene* Vögel.

Willst du was gelten,
so komme *selten*.

Mit alten Hunden
ist die *sicherste* Jagd.

Vogel *Sicher*
ist leicht zu fangen.

Wer selber kommt,
hat einen *sicheren* Boten.

Man soll die Beute
nicht vor dem *Siege* teilen.

Er küßt den Ring (er übt sich in falscher und übertriebener Ehrfurcht).
Es tut dem einen Bettler leid, daß der andere vor der Türe steht.

Er reibt den Hintern an der Tür (er setzt sich über alles hinweg).
Er läuft mit seinem Päckchen (jeder hat seine Last zu tragen).

Frechheit *siegt.*

Wer allein läuft,
wird allemal *siegen*.

Reden ist *Silber*, Schweigen ist Gold.

Ein kurzes Lied ist bald *gesungen*.

Im Käfig lernt der Vogel *singen*.

Neue Lieder *singt* man gern.

Schreiende Kinder
machen *singende* Mütter.

Wer fröhlich *singt*,
sein Leid bezwingt.

Wes Brot ich ess', des Lied ich *sing'*.

Aus den Augen, aus dem *Sinn*.

Andere Länder, andere *Sitten*.

Eine Krähe *sitzt* gern
bei der andern.

Wer im Glashaus *sitzt*,
soll nicht mit Steinen werfen.

Wer sich den Hintern verbrennt,
muß auf den Blasen *sitzen*.

Wer redet, was er nicht *sollte*,
muß hören, was er nicht wollte.

Der Kluge kauft im *Sommer*
seinen Pelz.

Eine Schwalbe macht noch
keinen *Sommer*.

Den einen wärmt die *Sonne*,
den andern blendet sie.

Nichts wird so fein gesponnen,
es kommt doch an die *Sonnen*.

Wer Butter auf dem Kopf hat,
muß nicht in die *Sonne* gehen.

Sonnenschein und Regen
bringt dem Menschen Segen.

Was weiß die Kuh vom *Sonntag*.

In großen Häusern
stecken große *Sorgen*.

Kleine Kinder, kleine *Sorgen*;
große Kinder, große *Sorgen*.

Kleine *Sorgen* machen viel Worte,
große sind stumm.

Sorge und Klage wächst alle Tage.

Wenn man die Kleider auszieht,
soll man auch die *Sorgen* ausziehen.

Wer keine *Sorgen* hat,
macht sich welche.

Wo *Sorge* ist, kehrt *Sorge* ein.

Zuviel *Sorge* zerbricht das Glas.

Es ist dafür *gesorgt*, daß die Bäume
nicht in den Himmel wachsen.

Man *sorgt* sich eher alt als reich.

Sorge in der Zeit,
so hast du in der Not.

Gute Zimmerleute
machen wenig *Späne*.

Wer viel schnitzt,
der macht viel *Späne*.

Wo gehobelt wird, fallen *Späne*.

Spare in der Zeit,
so hast du in der Not.

Jeder hat einen *Sparren*,
und wer's nicht glaubt, hat zwei.

Jeder *Spaß* findet seine Lacher.

Besser eine Stunde zu früh
als eine Minute zu *spät*.

Besser *spät* als nie (gar nicht).

Je länger hier, je *später* dort.

Je *später* der Abend,
je schöner die Gäste.

Spät kommt auch.

Wer gute Nachricht bringt,
kommt nie zu *spät*.

Fleißiger *Spaten* ist immer blank.

Besser ein *Spatz* in der Hand
als eine Taube auf dem Dach.

Der *Speck* läßt von der
Schwarte nicht.

Mit *Speck* fängt man Mäuse.

Der Katzen *Spiel* ist der Mäuse Tod.

Ein *Spiel* bringt das andere.

Neues *Spiel*, neues Glück.

Unglück im *Spiel*,
Glück in der Liebe.

Allzu *spitz* bricht.

Was zu *spitz* ist,
wird leicht stumpf.

Ein Dieb nennt den andern
Spitzbub.

Spott wird mit *Spott* belohnt.

Wer den Schaden hat, braucht für
den *Spott* nicht zu sorgen.

Man kann lange *sprechen*,
ohne etwas zu sagen.

Man *spricht* so lange von einem
Dinge, bis es geschieht.

Sprich gut von deinen Freunden
und schweig von deinen Feinden.

Sprich wenig mit andern
und viel mit dir selbst.

Was man gern tut,
davon *spricht* man auch gern.

Wenn der Müller nicht vom Mehl
spricht, so *spricht* er von Säcken.

Wenn man vom Teufel *spricht*,
dann kommt er.

Wer *spricht*, was er will, muß hören,
was er nicht will.

Wer zu dir von andern *spricht*,
redet bei andern von dir.

Wo die Augen *sprechen*,
kann die Zunge schweigen.

Kein *Sprichwort* lügt,
sein Sinn nur trügt.

Sprichwörter lehrt die Erfahrung.

Niemand kann über seinen eigenen
Schatten *springen*.

Wer einen großen *Sprung* tun will,
der geht erst rückwärts.

Der Honig ist nicht weit
vom *Stachel*.

Man soll die *Stadt* nicht anzünden,
ehe der Feind kommt.

Andre *Städtchen*, andre Mädchen.

Von *Staffel* zu *Staffel*
kommt man die Stiege hinauf.

Es gehen viel geduldige Schafe
in einen *Stall*.

Wenn's Pferd gestohlen ist,
schließt man den *Stall* zu.

Der Apfel fällt nicht weit
vom *Stamm*.

Je fauler der *Stamm*,
je wohler dem Wurm.

Gram bricht auch
ein *starkes* Herz.

Starke Güsse sind nicht von Dauer.

Es ist keiner so *stark*,
er findet einen *Stärkeren*.

Ein *Steckenpferd* frißt mehr
als zehn Ackergäule.

Stehendes Wasser wird faul.

Bei Dieben lernt man *stehlen*.

Der Dieb meint, sie *stehlen* alle.

Ehrlich hat die Kuh *gestohlen*.

Wer einmal *stiehlt*,
heißt allzeit ein Dieb.

Alte Ochsen haben *steife* Hörner.

Ein *Stein* schleift den andern.

Es ist kein *Stein* so hart,
man kann in polieren.

Not macht aus *Steinen* Brot.

Er faßt den Aal beim Schwanz (er unternimmt eine schwierige Sache, die mißlingen wird).

Wer den *Stein* nicht heben kann,
der muß ihn wälzen.

Wer im Glashaus sitzt,
soll nicht mit *Steinen* werfen.

Wen der Teufel reitet,
der muß wohl von der *Stelle*.

Friß, Vogel, oder *stirb*.

Wer vor Schreck *stirbt*,
wird mit Fürzen begraben.

Wem der Mond scheint,
der fragt nicht nach den *Sternen*.

Steter Tropfen
höhlt den Stein.

Man muß den *Stier*
bei den Hörnern packen.

Stille Wasser sind tief.

Sanfte Rede *stillt* den Zorn.

Die Zeit steht nicht *still*.

Der Fisch fängt am Kopf
an zu *stinken*.

Eigenlob *stinkt*.

Geld *stinkt* nicht.

Stöhnen ist die halbe Arbeit.

Dummheit und *Stolz*
wachsen auf dem gleichen Holz.

Wer das Löchlein nicht *stopft*,
muß ein Loch zumachen.

Der *Storch* hört sein
Klappern gern.

Wer sich *Störche* hält,
muß auch für Frösche sorgen.

Die *Stöße* der Jugend
fühlt man im Alter.

Die Zunge *stößt* immer
an den kranken Zahn.

Was Hörner hat, will *stoßen*.

Wem Hörner wachsen,
der lernt auch *stoßen*.

Was von selbst einfällt,
muß man nicht *stoßen*.

Strafe muß sein.

Das Geld liegt auf der *Straße*.

Mancher ist auf der *Straße*
und fragt nach dem Wege.

Solange man lebt,
so lange man *strebt.*

Wer nach dem Höchsten *strebt*,
wird wenigstens
das Hohe erreichen.

Man muß sich nach der Decke
strecken.

Auf den ersten *Streich*
fällt kein Baum.

Kluge Leute machen auch wohl
dumme *Streiche.*

Wenn der *Streich* gelungen,
dann wird er besungen.

Alter *Streit* ist bald erneut.

Behutsamkeit gewinnt den *Streit.*

Ein *Streit* bringt den andern.

Es ist ein Esel,
der mit einem Esel *streitet.*

Über den Geschmack
läßt sich nicht *streiten.*

Wenn zwei sich *streiten*,
freut sich der Dritte.

Gar zu *streng* ist Unrecht.

Im Hause des Gehängten
redet man nicht vom *Strick.*

Wem das Kalb gehört,
dem gehört auch der *Strick.*

Was man nicht am Heu hat,
hat man am *Stroh.*

Es ist kein *Strom*,
in den nicht trübe Bäche münden.

Viele kleine Bäche
machen einen großen *Strom.*

Läßt du einen ins Haus,
so kommt er dir bald in die *Stube.*

Ein voller Bauch
studiert nicht gern.

Alte Hunde haben *stumpfe* Zähne.

Besser eine *Stunde* zu früh
als eine Minute zu spät.

Dem Glücklichen
schlägt keine *Stunde.*

Wer Wind sät, wird *Sturm* ernten.

Das Schöne findet man,
das Wahre muß man *suchen*.

Der Teufel hat das *Suchen* erfunden
und seine Großmutter das Warten.

Der viel *sucht*, dem geht viel ab.

Mancher *sucht*,
was er schon gefunden hat.

Neid *sucht* böse Wege.

Was der Teufel in der Bibel *sucht*,
das findet er.

Was sich *sucht*, das findet sich.

Wer dich meidet, den *suche* nicht.

Wer eine Ausrede *sucht*, findet zehn.

Alte *Sünden* machen neue Schande.

Eine *Sünde* tut der andern die Tür auf.

Es sind nur die kleinen *Sünden*,
die man beichtet.

Kleine *Sünden* kaut man,
große verschluckt man ganz.

Wer ohne *Sünde* ist,
der werfe den ersten Stein.

Wer schläft, der *sündigt* nicht.

Wer die *Suppe* eingebrockt hat,
muß sie auch ausessen.

Arbeit macht das Leben *süß*.

Aus *süßem* Wein wird saurer Essig.

Hoffen ist ein *süßes* Leiden.

Rache ist *süß*.

Süß hat Sauer zum Gefährten.

Lob macht nicht groß
und *Tadel* nicht klein.

Tadele heimlich, lobe öffentlich.

Alles in der Welt läßt sich ertragen,
nur keine Reihe von guten *Tagen*.

An einem schönen *Tage* muß man
nicht ohne Mantel ausgehen.

Auf einen bösen *Tag*
gehört ein guter Abend.

Bescheidenes Glück kommt alle *Tage*.

Vor dem Wind ist gut segeln (unter günstigen Voraussetzungen hat man leicht Erfolg).

Er hat ein Auge im Segel (er paßt auf).

Der Abend lobt den *Tag*.

Der heutige *Tag* ist der Jünger
des gestrigen.

Der *Tag* kommt, an dem die Kuh
den Schwanz braucht.

Die sich des *Tags* zanken,
lecken sich des Nachts.

Die Sonne bringt es an den *Tag*.

Die Welt ist auch nicht an einem
Tage erschaffen.

Ein guter *Tag* fängt morgens an.

Ein guter *Tag*
vertreibt zehn schlechte.

Ein *Tag* lehrt den andern.

Es ist noch nicht
aller *Tage* Abend.

Jeder *Tag* hat seine Plage.

Man redet viel,
wenn der *Tag* lang ist.

Man soll den *Tag*
nicht vor dem Abend loben.

Morgen ist auch ein *Tag*.

Schöne *Tage* lobt man abends,
schöne Frauen morgens.

Mancher geizt um Pfennige
und wirft *Taler* weg.

Wer den Pfennig nicht ehrt,
ist des *Talers* nicht wert.

Einer allein macht keinen *Tanz*.

Tanz und Spiel will ein Ziel.

Dem ist leicht gefiedelt,
der gerne *tanzt*.

Ein kurzer Reigen ist bald *getanzt*.

In engen Schuhen
ist nicht gut *tanzen*.

Man kann nicht auf zwei Hochzeiten
zugleich *tanzen*.

Tanzt die Frau, so hüpft die Magd.

Wem das Glück aufspielt,
der *tanzt* auf einem Bein.

Wem's in den Füßen juckt,
der *tanzt* ohne Musik.

Wenn dem Esel zu wohl ist,
geht er aufs Eis *tanzen*.

Wenn der Bär auch brummt,
tanzen muß er doch.

Wenn die Katze aus dem Haus ist,
dann *tanzen* die Mäuse.

Wo keine Gefahr ist,
da sind alle *tapfer*.

Das letzte Hemd hat keine *Taschen*.

Einem nackten Mann kann man
nicht in die *Tasche* fassen.

Wer liebt, hat alle *Taschen*
voller Hoffnung.

Die Alten zum Rat,
die Jungen zur *Tat*.

Nach der *Tat* weiß jeder guten Rat.

Wo *Taten* sprechen,
bedarf es keiner Worte.

Der Sperling in der Hand ist besser
als die *Taube* auf dem Dach.

Wer den Habicht hegt,
ist kein Freund der *Tauben*.

Allzu gut *taugt* auch nichts.

Ein bellender Hund *taugt* nicht
zur Jagd.

Gut genug *taugt* selten viel.

Was nichts kostet, *taugt* auch nichts.

Wenn der Reiter nichts *taugt*,
hat das Pferd schuld.

Wer selber nichts *taugt*,
sagt von andern auch nichts Gutes.

Wer sich selbst nichts *taugt*,
taugt keinem andern.

Getauscht ist getauscht.

Wer *tauschen* will, will betrügen.

Der *Teil* ist oft mehr als das Ganze.

Es ist nichts *teurer*,
als was man mit Bitten kauft.

Guter Rat ist *teuer*.

Was nichts nutz ist,
ist geschenkt zu *teuer*.

Das Beste holt der *Teufel* zuerst.

Der *Teufel* hat das Suchen erfunden
und seine Großmutter das Warten.

Ein armer *Teufel* muß das Holz
zur Hölle selber tragen.

Ein großer *Teufel*
braucht eine große Hölle.

Ein Priester
muß einen *Teufel* haben.

Hat der *Teufel* erst einen Finger,
dann kriegt er auch die Hand.

In der Not
frißt der *Teufel* Fliegen.

Kommt der *Teufel* in die Kirche,
so will er auch auf den Altar.

Man soll den *Teufel*
nicht an die Wand malen.

Was der *Teufel*
in der Bibel sucht,
das findet er.

Was der *Teufel* nicht weiß,
das weiß ein altes Weib.

Wem der *Teufel* auf dem Dache sitzt,
dem scheißt er in die Esse.

Wen der *Teufel* reitet,
der muß wohl von der Stelle.

Wenn der Gärtner schläft,
pflanzt der *Teufel* Unkraut.

Wenn der *Teufel* alt wird,
will er Mönch werden.

Wenn man vom *Teufel* spricht,
dann kommt er.

Wer den *Teufel* geladen hat,
muß ihm auch Arbeit geben.

Wer rückwärts geht,
läuft dem *Teufel* in die Arme.

Wer zum *Teufel* fahren will,
läßt sich nicht aufhalten.

Wo der Zaun am niedrigsten ist,
da springt der *Teufel* hinüber.

Stille Wasser sind *tief*.

Jedem *Tierchen* sein Pläsierchen.

Zu Bett und *Tisch*
soll man sich nicht schämen.

Dem einen gefällt die Mutter,
dem andern die *Tochter*.

Der *Tod* kommt ungeladen.

Viele Hunde sind des Hasen *Tod*.

Der *Ton* macht die Musik.

Jeder *Topf* findet seinen Deckel.

Kleine *Töpfe* kochen leicht über.

Alter schützt vor *Torheit* nicht.

Wenn der Wagen rollt,
traben die Pferde.

Trau, schau, wem.

Wer nicht *traut*,
dem *traue* nicht.

Wer regieren will,
muß Leuten *trauen*.

Treib's, so geht's.

Wer andere *treiben* will,
muß selber laufen.

Wo *Treue* Wurzel schlägt,
macht Gott einen Baum daraus.

Essen und *Trinken*
hält Leib und Seele zusammen.

Wenn die Schweine satt sind,
stoßen sie den *Trog* um.

Die *Trommel* klingt
am schönsten aus der Ferne.

Zur *Trommel* muß man pfeifen.

Steter *Tropfen* höhlt den Stein.

Im *Trüben* ist gut fischen.

Der Schein *trügt*.

Glück hat auf die Dauer
nur der *Tüchtige*.

Kann man's nicht *tun*
in Freundschaft,
so muß man's *tun*
mit Recht.

Mancher *tut* viel
und richtet nichts aus.

Tut man's einmal,
tut man's mehr.

Tu, was du willst,
die Leute reden doch.

Was du nicht willst, daß man dir *tu*',
das füg auch keinem andern zu.

Was einer gern *tut*,
das ist keine Last.

Wenn die Könige bauen,
haben die Kärrner zu *tun*.

Wenn zwei dasselbe *tun*,
so ist es nicht dasselbe.

Wer's nicht in der Jugend *tut*,
der tut's im Alter.

Wer gern zu *tun* hat,
dem gibt Gott zu schaffen.

Der letzte macht die *Tür* zu.

Er hat einen Deckel auf dem Kopf (er kriegt eins auf den Deckel; er muß für den Schaden aufkommen).

Eine Sünde tut der andern
die *Tür* auf.

Jeder kehre vor seiner eigenen *Tür*.

Kann man mit dem Kopf
nicht durch die Wand,
so kann man durch die *Tür*.

Man darf nicht schlafen,
wenn das Glück vor der *Tür* steht.

Man sucht keinen hinter der *Tür*,
man habe denn selbst dahinter
gesteckt.

Offene *Türen*
machen heimliche Diebe.

Wenn eine *Tür* sich schließt,
tut eine andere sich auf.

Wer die Geiß im Hause hat, dem
kommt der Bock vor die *Tür*.

Wo einer hinwill,
da tut ihm das Glück die *Tür* auf.

Der *Tyrann* muß einen Pfaffen haben
und der Pfaff einen *Tyrannen*.

Dem *Übel*
soll man entgegengehen.

In die Hölle
ist es *überall* gleich weit.

Wer sich ertränken will,
findet *überall* Wasser.

Wer Glück haben will,
darf nichts dem Glück *überlassen*.

Übermut tut selten gut.

Ein geschlagener Feind
ist noch nicht *überwunden*.

Es ist kein Unglück so groß,
Geduld kann es *überwinden*.

Sich selbst *überwinden*
ist der größte Sieg.

Er hat mehr in sich, als ein leerer Hering (vieles hat oft einen tieferen Sinn als oberflächliche Betrachtung erkennen läßt).

Wer nicht kommt zur rechten Zeit,
muß nehmen, was *übrigbleibt*.

Übung macht den Meister.

Die Schiffe scheitern meist am *Ufer*.

Ein friedlicher Strom
hat blühende *Ufer*.

Wer nicht schwimmen kann,
ertrinkt schon am *Ufer*.

Es hat nicht immer den besten *Umgang*,
der nur mit sich selber umgeht.

Guter *Umgang*
verbessert schlechte Sitten.

Sage mir, mit wem du *umgehst*,
und ich sage dir, wer du bist.

Wer mit Leuten *umgeht*,
lernt Leute kennen.

Womit man *umgeht*,
das hängt einem an.

Wer auf halbem Wege *umkehrt*,
der geht nicht ganz irre.

Wer sich in Gefahr begibt,
kommt darin *um*.

Wer *umkommen* will,
ruft nicht um Hilfe.

Der Stier hat seine Hörner
nicht *umsonst*.

Was nichts taugt,
ist *umsonst* zu teuer.

Wenn die Braut nicht tanzen will,
ist alles Fiedeln *umsonst*.

Wer den Schaden hat,
bekommt den Spott *umsonst*.

Wer den Teufel
zum Freund hat,
der hat die Hölle
umsonst.

Wo einer nicht hören will,
da ist alles Reden *umsonst*.

Eine schwankende Wand
ist bald *umgestoßen*.

Wenn die Schweine satt sind,
stoßen sie den Trog *um*.

Der beste Fuhrmann
wirft einmal *um*.

Undank ist der Welt Lohn.

Ist der Ruf erst ruiniert,
lebt es sich ganz *ungeniert*.

Die besten Eltern
haben oft *ungeratene* Kinder.

Die größte Gerechtigkeit
ist die größte *Ungerechtigkeit*.

Wer *ungern* tanzt, tanzt auch.

Der *Ungeschickte*
hat bald Feierabend.

Die *ungeschicktesten* Zimmerleute
brauchen die schärfsten Beile.

Allzuviel ist *ungesund*.

Ungleich Gespann
macht krumme Furchen.

Bei jedem *Unglück*
ist auch ein Glück.

Das *Unglück* schickt keine Boten.

Ein *Unglück* kommt selten allein.

Es kommt kein *Unglück* allein.

Kein *Unglück* ist so groß,
es ist ein Glück dabei.

Zuviel Glück ist *Unglück*.

Den *Unglücklichen*
soll man nicht schelten.

Auf gutem Acker
wächst auch *Unkraut*

Unkraut vergeht nicht.

Wenn der Gärtner schläft,
pflanzt der Teufel *Unkraut*.

Auf Lust folgt *Unlust*.

Allzu gerecht tut *unrecht*.

Man kann auch dem Teufel
unrecht tun.

Unrecht Gut gedeiht nicht.

Wer dich einmal betrügt,
tut dir *unrecht*;
wer dich zweimal beträgt,
tut dir recht.

Barmherzigkeit gegen die Wölfe ist
Unrecht gegen die Schafe.

Gerechtigkeit macht *Unterschied(e)*.

Unverhofft kommt oft.

Kleine *Ursachen*,
große Wirkungen.

Wer Streit sucht,
findet bald eine *Ursache*.

Wie der *Vater*, so der Sohn;
wie die Mutter, so die Tochter.

Der Prophet gilt nichts
in seinem *Vaterlande*.

Man *verändert* sich oft,
aber bessert sich selten.

Wer den Ort *verändert*,
verändert das Glück.

Verbotene Früchte sind süß.

Wer sich den Hintern *verbrennt*,
muß auf den Blasen sitzen.

Ein falscher *Verdacht*
hat Teufelsmacht.

Wo *Verdacht* einkehrt,
nimmt die Ruhe Abschied.

Ein guter Magen *verdaut*
auch harte Brocken.

Gut gekaut ist halb *verdaut*.

Allzugut *verdirbt*'s ganz.

Es müssen zehn *verderben*,
ehe einer reich wird.

Viele Köche *verderben* den Brei.

Kleiner *Verdruß*
bringt oft großen Genuß.

Allzu schön wird bald *vergehn*.

Unkraut *vergeht* nicht.

Ein guter Reiter
vergißt die Sporen nicht.

Neue Liebe
macht die alte *vergessen*.

Schnell gelernt
ist schnell *vergessen*.

Ein magerer *Vergleich*
ist besser als ein fetter Prozeß.

Vergleiche hinken.

Erst die Arbeit,
dann das *Vergnügen*.

Seltener Genuß
erhöht das *Vergnügen*.

Auch auf breitem Wege
kann man sich *verirren*.

Wer sein Haus
verkaufen will,
schmückt es.

Wozu die Haut abziehen,
wenn man sie nicht *verkaufen* will.

Wie man's macht,
macht man's *verkehrt*.

Einer acht's,
der andere *verlacht*'s.

Wer nichts *verlangt*,
bekommt auch nichts.

Wer zuviel *verlangt*,
verliert noch, was er hat.

Die Ratten *verlassen*
das sinkende Schiff.

Ein Freund ist leichter *verloren*
als gefunden.

Was man im Feuer *verloren*,
muß man in der Asche suchen.

Wer das Vertrauen verloren hat,
hat nichts mehr zu *verlieren*.

Wer zwischen zwei Freunden
richtet, *verliert* den einen.

Eine *verlorene* Freundschaft
ist eine gewonnene Feindschaft.

Verlorene Zeit
kommt niemals wieder.

Einen alten Baum
soll man nicht *verpflanzen*.

Man liebt den *Verrat*,
nicht den Verräter.

Wer sein Glück
nicht sucht,
der *versäumt* es.

Verschiebe nicht auf morgen,
was du heute kannst besorgen.

Wer die Jugend *verschläft*,
muß im Alter wachen.

Kleine Sünden kaut man,
große *verschluckt* man ganz.

Mancher scherzt über andere
und *verspottet* sich selbst.

Besser nicht *versprochen*
als nicht gehalten.

Versprechen kann man viel.

Versprechen
soll man nicht brechen.

Der *Verstand*
kommt mit den Jahren.

Wem Gott ein Amt gegeben,
dem gibt er auch *Verstand*.

Wenn das Glück anklopft,
muß man um *Verstand* bitten.

Wer auf die Leiter will,
muß den *Verstand*
in den Füßen haben.

Es ist eine schlechte Sprache,
die niemand *versteht*.

Jeder macht's, wie er's *versteht*.

Versuch macht klug
(aber selten reich).

Wer sich *verteidigt*, klagt sich an.

Man muß den Pelz nicht *verteilen*,
ehe der Bär geschossen ist.

Ein guter Tag *vertreibt*
zehn schlechte.

Mit Geduld und Spucke
vertreibt man manche Mucke.

Mit *Verwandten* soll man trinken
und essen aber nicht zählen und
messen.

Nachbarschaft
ist halbe *Verwandtschaft*.

Verwegenheit
hilft oft aus Verlegenheit.

Ein Küßchen in Ehren
kann niemand *verwehren*.

Er will zwei Fliegen mit einem Schlag treffen (zuviel Ehrgeiz im Leben wird bestraft).

Verzagt Herz freit nimmer
ein schönes Weib.

Wenn die Beute *verzehrt* ist,
frißt ein Wolf den andern.

Wenn es nicht anders geht, muß
man zum Teufel auch *Vetter* sagen.

Wer sich zum *Vieh* macht,
muß Heu fressen.

Der Gerechte muß *viel* leiden.

Viel danken heißt
heimlich mehr bitten.

Viele Hunde sind des Hasen Tod.

Viele Köche verderben den Brei.

Viel hilft viel.

Viel Körner machen einen Haufen.

Wer am Wege baut, hat *viel* Meister.

Wer *viel* anfängt, endet wenig.

Wer *viel* begehrt, dem geht viel ab.

Wer *viel* einrührt,
muß *viel* auslöffeln.

Wer *viel* fragt,
bekommt *viel* Antwort.

Wer *viel* kann, muß *viel* tun.

Wer *viel* unternimmt,
hat wenig Ruhe.

Wer *viel* verspricht, gibt wenig.

Wo *viel* ist, will *viel* hin.

Wo *viel* Licht ist,
da ist auch *viel* Schatten.

Wo *viel* Wind ist, da ist selten Staub.

Der *vielen* dient, dient niemand.

Viele jagen den Bären, aber
niemand will ihn stechen.

Viele sind berufen,
aber wenige sind auserwählt.

Was *viele* begehren,
ist schwer zu hüten.

Vier Augen sehen mehr als zwei.

Den *Vogel* kennt man am Gesang.

Friß, *Vogel*, oder stirb.

Im Käfig lernt der *Vogel* singen.

Jedem *Vogel* gefällt sein Nest.

Man soll den Mund
nicht zu *voll* nehmen.

Voller Bauch studiert nicht gern.

Wenn der Krug *voll* ist,
so läuft er über.

Wer lobt, hat eine *volle* Kirche.

Wer seinen Brei verschüttet hat, kann nicht alles wieder aufraffen.

Wer nicht *vor sich geht*,
der geht hinter sich.

Vor dem Essen wird kein Tanz.

Der kluge Mann *baut vor*.

Dicht daneben ist auch *vorbei*.

Sogar eine Sau grunzt,
wenn sie *vorbeigeht*.

Vorfreude ist die beste Freude.

Das *vorige* Jahr war immer besser.

Vorrat ist der beste Rat.

Der Weg zur Hölle
ist mit guten *Vorsätzen* gepflastert.

Vorsicht ist besser als Nachsicht.

Vorsicht ist die Mutter
der Porzellankiste.

Zuviel *Vorsicht* zerbricht das Glas.

Kleiner *Vorteil*
macht großen Schalk.

Es ist dafür gesorgt, daß die Bäume
nicht in den Himmel *wachsen*.

Sorge und Klage *wächst* alle Tage.

Stoß nicht,
ehe dir die Hörner *wachsen*.

Frisch *gewagt* ist halb gewonnen.

Wer nichts *wagt*,
hat nichts zu hoffen.

Wer *wagt*, gewinnt.

Der leere *Wagen*
muß dem vollen ausweichen.

Wenn der *Wagen* rollt,
traben die Pferde.

Erst wäg's, dann *wag*'s.

Wer die *Wahl* hat, hat die Qual.

Nur die allergrößten Kälber
wählen ihre Metzger selber.

Den *wahren* Freund
erkennt man in der Not.

Was lange *währt*,
wird endlich gut.

Ein alter Irrtum hat mehr Freunde
als eine neue *Wahrheit*.

Kindermund tut *Wahrheit* kund.

Wer andern die *Wahrheit* sagt, soll
dabei sich selbst nicht vergessen.

Wer die *Wahrheit*
auf großer Herren
Tisch bringen will,
muß viel süße Brühen
daran machen.

Wer einmal lügt,
dem glaubt man nicht,
und wenn er auch
die *Wahrheit* spricht.

Wer einen *Wald* anlegen will,
muß Bäume pflanzen.

Wie man in den *Wald* hineinruft,
so schallt es heraus.

An eine schwankende *Wand*
muß man sich nicht lehnen.

Der Horcher an der *Wand*
hört seine eigne Schand'.

Einer *Wand*, die fallen will,
gibt jeder gern einen Schubs.

Es liegt nicht immer am Nagel,
wenn die *Wand* nicht hält.

Kann man mit dem Kopf
nicht durch die *Wand*,
so kann man durch die Tür.

Man soll den Teufel
nicht an die *Wand* malen.

Handel hat *Wandel*.

Gute *Ware* lobt sich selbst.

Wer den andern *warnt*,
der ist sein Freund.

Wer *warten* kann, hat viel getan.

Wer nicht *warten* kann, muß laufen.

Eine Hand *wäscht* die andere.

Wasch mir den Pelz,
aber mach mich nicht naß.

Alle kleinen *Wasser*
laufen in die großen.

Der Krug geht so lange zu *Wasser*,
bis er bricht.

Es wird überall
nur mit *Wasser* gekocht.

In trüben *Wassern* ist gut fischen.

Jeder leitet das *Wasser*
auf seine Mühle.

Stehendes *Wasser* wird faul.

Stille *Wasser* sind tief.

Wenn das *Wasser* über die Steine
läuft, wird es rein.

Wenn die Gans das *Wasser* sieht,
so zappelt ihr der Steiß.

Wer die Schmiede *wechselt*,
muß die alten Eisen bezahlen.

Schlafende Hunde
soll man nicht *wecken*.

Auf dem *Weg*, den viele gehen,
wächst kein Gras.

Der Liebe ist kein *Weg* zu weit.

Der *Weg* zur Hölle ist breit.

Der *Weg* zur Hölle
ist mit guten Vorsätzen gepflastert.

Erfahrung ist ein langer *Weg*.

Mancher ist auf der Straße
und fragt nach dem *Wege*.

Wer am *Wege* baut, hat viel Meister.

Wo ein Wille ist,
da ist auch ein *Weg*.

Zu guten Freunden
ist der *Weg* nicht weit.

Alte Fuhrleute sind gute *Wegweiser*.

Was der eine *wegwirft*,
hebt der andere auf.

Wer sich selbst *wegwirft*,
den heben auch die andern nicht auf.

Scheiden tut *weh*.

Wer heilen will,
muß *weh* tun.

Mit einem alten *Weibe*
führt der Teufel keinen Prozeß.

Wer gut schläft,
liegt auch auf Steinen *weich*.

Eile mit *Weile*.

Gut Ding will *Weile* haben.

Der eine *weint*,
der andere lacht.

Es lacht mancher,
der lieber *weinen* möchte.

Lachen und *Weinen*
sind in einem Sack.

Auf einen *Weisen*
kommen viel Narren.

Jeder macht's
auf seine *Weise*,
der eine laut,
der andre leise.

Neue *Weise* hört man gern.

Bei *Weisheit* muß eine Torheit sein.

Die *Weisheit* läßt ihre Stimme hören
auf der Gasse,
aber niemand achtet ihrer.

Der Apfel
fällt nicht *weit* vom Stamm.

Der Honig
ist nicht *weit* vom Stachel.

Wenn man vom Teufel spricht,
ist er nicht *weit*.

Man sucht oft etwas in der *Weite*
und hat's an seiner Seite.

Anderswo ist die *Welt* auch nicht mit
Brettern vernagelt.

Die *Welt* wäre schon gut genug,
wenn nur die Leute was nutze
wären.

Die *Welt* will betrogen sein.

Nobel geht die *Welt* zugrunde.

Schick dich in die *Welt* hinein,
denn dein Kopf ist viel zu klein,
daß die *Welt* sich schicke drein.

Undank ist der *Welt* Lohn.

Je mehr Gesetz, je *weniger* Recht.

Lange Gebete haben *wenig* Andacht.

Sprich *wenig* mit andern
und viel mit dir selbst.

Wer das *Wenn* erstiegen,
sieht das Aber liegen.

Wer nicht *wirbt*, der verdirbt.

Aus nichts *wird* nichts.

Was einer nicht ist,
kann er noch *werden*.

Was nicht ist, kann noch *werden*.

Man soll die Perlen
nicht vor die Säue *werfen*.

Wer im Glashaus sitzt,
soll nicht mit Steinen *werfen*.

Das *Werk* lobt sich selber.

Ein Dienst ist des anderen *wert*.

Wer den Pfennig nicht ehrt,
ist des Talers nicht *wert*.

Bei schönem *Wetter*
nimm den Mantel mit.

Da steckt ein Stock im Rad (jemandem Knüppel zwischen die Beine werfen).

Kräht der Hahn auf dem Mist,
ändert sich das *Wetter*,
oder es bleibt, wie es ist.

Wetter und Wind
ändern sich geschwind.

Der *Wetzstein* schärft die Messer
und bleibt selber stumpf.

Wie du mir, so ich dir.

Wie man's treibt, so geht's.

Wer Dreck schickt,
kriegt Dreck *wieder*.

Wiedersehen macht Freude.

Die *wildesten* Fohlen
werden die besten Pferde.

Der *Wille*
gibt dem Werk den Namen.

Des Menschen *Wille*
ist sein Himmelreich.

Wo ein *Wille* ist,
da ist auch ein Weg.

Der Geist ist *willig*,
aber das Fleisch ist schwach.

Er fällt vom Ochsen auf den Esel (er macht schlechte Geschäfte).

Einem *willigen* Esel packt jeder auf.

Gegen den *Wind*
kann man nicht pusten.

Große Feuer
bläst der *Wind* nicht aus.

In die größten Segel
fällt der meiste *Wind*.

Wer den *Wind* im Rücken hat,
kommt schnell vorwärts.

Wer *Wind* sät,
wird Sturm ernten.

Wo viel *Wind* ist,
da ist selten Staub.

Kleine Ursachen, große *Wirkungen*.

Besser den Magen gekränkt
als dem *Wirt* was geschenkt.

Man darf die Rechnung
nicht ohne den *Wirt* machen.

Der Papst und ein Bauer
wissen mehr als der Papst allein.

Die Jugend *weiß* nicht,
das Alter kann nicht.

Eine kluge Maus
weiß mehr als ein Loch.

Einer kann nicht alles *wissen*.

Man muß *wissen*, wen man treibt,
wenn man einen Esel vor sich hat.

Nach der Tat
weiß jeder guten Rat.

Was drei *wissen*,
das erfahren hundert.

Was einer nicht *weiß*,
das tut ihm nicht weh.

Was ich nicht *weiß*,
macht mich nicht heiß.

Was jedermann *weiß*,
ist schwer zu verbergen.

Wer alles *weiß*,
wird auch betrogen.

Witz kommt mit den Jahren.

Wenn dem Esel zu *wohl* ist,
geht er aufs Eis tanzen.

Wem das Glück *wohlwill*,
dem kalbt ein Ochse.

Wer bei der Schmiede *wohnt*,
gewöhnt sich ans Hämmern.

Aus Liebe
frißt der *Wolf* das Schaf.

Barmherzigkeit gegen die *Wölfe*
ist Unrecht gegen die Schafe.

Wenn der *Wolf* alt wird,
so reiten ihn die Krähen.

Die Sonne scheint
auch hinter den *Wolken*.

Es regnet nicht aus jeder *Wolke*.

Was du nicht *willst*, daß man dir tu',
das füg auch keinem andern zu.

Was einer *will*, das kriegt er nicht,
und was er kriegt, das *will* er nicht.

Wer nicht hat, was er *will*,
muß *wollen*, was er hat.

Wer nicht *will*, der hat schon.

Wer redet, was er *will*,
muß hören, was er nicht *will*.

Wer sich selbst kitzelt,
der lacht, wann er *will*.

Besser ein gutes *Wort*
als einen verlorenen Freund.

Das letzte *Wort* gilt.

Ein Bild ist besser
als tausend *Wörter*.

Ein gutes *Wort*
führt die Kuh in den Stall.

Ein *Wort* gibt das andere.

Für Geld und gute *Worte*
kann man alles haben.

Wer einem ins *Wort* fällt,
der will sich selbst hören.

Wer von *Worten* stirbt,
den soll man mit Fürzen begraben.

Worte haben Flügel.

Alte *Wunden* sind schwer zu heilen.

Die *Wunden* heilen übel,
die man sich selber schlägt.

Wer alte Narben aufreißt,
schafft neue *Wunden*.

Die Zeit tut *Wunder*.

Alte Leute sind *wunderlich*;
wenn es regnet,
wollen sie Heu machen.

Je mehr man hat, je mehr man will,
nie schweigen unsre *Wünsche* still.

Was der Mensch *wünscht*,
das hofft er.

Was man in der Jugend *wünscht*,
hat man im Alter genug.

Was man *wünscht*,
das glaubt man gern.

Im schönsten Apfel sitzt der *Wurm*.

Alles hat ein Ende,
nur die *Wurst* hat zwei.

In der Kürze liegt die *Würze*.

Je bitterer die *Wurzel*,
je süßer die Frucht.

Man soll seine Feinde nicht *zählen*,
sondern schlagen.

Die schlimmsten *Zahler*
sind die besten Mahner.

Alte Hunde haben stumpfe *Zähne*.

Die Zunge stößt immer
an den kranken *Zahn*.

Alter *Zank* ist bald erneuert.

Die sich am Tage *zanken*,
lecken sich des Nachts.

Wenn zwei sich *zanken*,
so freut sich der Dritte.

Beizeiten auf die *Zäune*,
so trocknen die Windeln.

Einer hilft dem andern
über den *Zaun*.

Liebe deinen Nachbar,
reiß aber den Zaun nicht nieder.

Man grüßt den *Zaun*
des Gartens wegen.

Schrei nicht juchhe,
bis du über den *Zaun* bist.

Wo der *Zaun* am niedrigsten ist,
da springt der Teufel hinüber.

Es müssen *zehn* verderben,
ehe einer reich wird.

Wer eine Ausrede sucht, findet *zehn*.

Er hängt zwischen Himmel und Erde (er hat sich in eine mißliche Lage gebracht und weiß nicht, wie er sich entscheiden soll).

Er fällt durch den Korb (er bekommt einen Korb, scheitert).

Alles zu seiner *Zeit*.

Der Fleißige hat stets *Zeit* genug,
der Faule nie.

Die *Zeit* bringt alles an den Tag.

Die *Zeit* heilt alle Wunden.

Kommt *Zeit*, kommt Rat.

Spare in der *Zeit*,
so hast du in der Not.

Wer nicht kommt zur rechten *Zeit*,
muß nehmen, was übrigbleibt.

Wer warten kann,
dem kommt alles zur rechten *Zeit*.

Wie gewonnen, so *zerronnen*.

Wo die *Ziege* angebunden ist,
da muß sie grasen.

Wer sich anspannen läßt,
der muß auch *ziehen*.

Bescheidenheit ist eine *Zier*,
doch weiter kommt man ohne ihr.

Die ungeschicktesten *Zimmerleute*
brauchen die schärfsten Beile.

Gute *Zimmerleute*
machen wenig Späne.

Es *zittert* mancher,
der droht.

Wer nicht gern kommt,
zögert lange.

Besser ein kleiner *Zorn*
denn ein großer Schaden.

Wer im *Zorn* aufsteht,
setzt sich mit Schaden nieder.

Wer seinen *Zorn* bezwingt,
hat einen Feind besiegt.

Zorn ist ein schlechter Ratgeber.

Die beste *Zucht*
sind gute Worte
und harte Strafe.

Das Beste holt der Teufel *zuerst*.

Der Esel nennt sich selbst *zuerst*.

Wer *zuerst* kommt,
mahlt *zuerst*.

Glücklich ist,
wer *zufrieden* ist.

Zufriedenheit ist der
größte Reichtum.

Es lenken nicht alle,
die die *Zügel* halten.

Vornehm geht die Welt *zugrunde*.

Wer *zuletzt* kommt,
macht die Tür zu.

Wer *zuletzt* lacht, lacht am besten.

Wer *zünden* will,
muß selber brennen.

Er kann nicht von einem Brot zum anderen gelangen (er kommt mit seinem Geld nicht aus).

Wer langsam *zürnt*, zürnt schwer.

Wer nicht vorwärts geht,
der bleibt *zurück*.

Freundlich abgeschlagen
ist halb *zugesagt*.

Essen und Trinken
hält Leib und Seele *zusammen*.

Ein bißchen *zuviel* schadet mehr
als ein bißchen zuwenig.

Wer *zuviel* begehrt,
bekommt am Ende gar nichts.

Wer *zuviel* verlangt,
verliert noch, was er hat.

Zuviel Glück ist Unglück.

Zuviel Hitze verdirbt den Braten.

Zuviel Sorge zerbricht das Glas.

Man kann nicht
auf *zwei* Hochzeiten tanzen.

Niemand kann *zweien* Herren dienen.

Wenn *zwei* sich streiten,
freut sich der Dritte.

Wenn *zwei* dasselbe tun,
so ist es nicht dasselbe.

Wer drei Feinde hat,
muß sich mit *zweien* vertragen.

Was sich *zweit*, das dreit sich gern.

Besser *zweimal* fragen
als einmal irregehen.

Wie die Alten sungen,
so *zwitschern* die Jungen.

SAGWORTE

»Viel Geschrei um wenig Wolle,
sagte der Teufel,
da schor er ein Schwein.«

Ich habe zwanzig Mönche, sagte der *Abt*, als man ihn nach der Zahl der Geistlichen im Kloster fragte; aber wieviel davon Geistliche sind, mag Gott wissen.

Wir spielen nur das alte Spiel, sagte der *Adler* zur Gans, da hatte er sie in den Krallen.

Dem Gefühl nach hat der Mann Recht, meinte der *Advokat*, als ihm einer ein Goldstück in die Hand schob.

Wofür sind die falschen Eide in der Welt, wenn sie nicht geschworen werden sollen, sagte der *Advokat*.

Einmal ist keinmal, sagte der *Arzt* und amputierte auch das gesunde Bein.

Man muß sich dran gewöhnen, Miez, sagte der *Bäcke*r, da fegte er mit der Katze den heißen Ofen aus.

Schlechte Wirtschaft da innen! sagte der *Bandwurm*, als er abgetrieben wurde.

Die Stadt ist gut, sagte der *Bauer*, aber die Leute taugen nichts.

Alles mit Maß, sagte der *Bauer*, da trank er ein Maß Branntwein.

Auf meinem Mist kratzen keine solchen Hennen, sagte der *Bauer*, als er die Damen im Putz sah.

Bei Gott ist alles möglich! sagte der *Bauer*, da brachte er den Wallach zum Hengst.

Da geht's schweinisch zu, sagte der *Bauer*, als er seine Sau schlachten ließ.

Da haben wir Gottes Wort schwarz auf weiß, sagte der *Bauer*, da sah er den Priester auf einem Schimmel reiten.

Das kommt wieder, sagte der *Bauer* und gab seinem Schwein Speck.

Das wolle Gott nicht, rief der *Bauer*, als er hörte, daß der Frühling aus der Erde alles hervorlocke; dann käme ja meine Frau auch wieder.

Ehrlichkeit währt am längsten, sagte der *Bauer*, weil sie am wenigsten gebraucht wird.

Eine Arme kann einen ebenso sehr ärgern als eine Reiche, sagte der *Bauer*, als er nach Geld heiratete.

Essen Sie und trinken Sie, Herr Pfarrer, sagte der *Bauer*, es kriegt sonst die Katze.

Hättest du mein Geld und ich deinen Verstand, sagte der *Bauer* zum Schulzen, so hätten wir beide nichts.

Man kann nicht wissen, wo der Hase läuft, sagte der *Bauer*, da legte er die Schlinge aufs Dach.

Na, er wird auch seine liebe Not mit ihr haben, sagte der *Bauer*, als der Pfarrer ihn damit tröstete, daß Gott sie zu sich genommen habe.

Stirb noch nicht, Pferd, sagte der *Bauer*, ich will gleich Hafer säen.

Unser Herrgott hat die Welt in sechs Tagen gemacht, sie ist auch danach geworden, hat der *Bauer* gesagt, da hat er sich den Berg 'rauf gequält.

Unserm Herrgott ist nicht zu trauen, sagte jener *Bauer*, und fuhr sein Heu am Sonntag ein.

Wenn es nur der Pastor nicht sieht, mit unserm Herrgott will ich schon fertig werden, sagte der *Bauer*, da machte er sein Heu am Sonntag.

Wir machen uns auch eine Freude, sagte der *Bauer* zu seiner Frau, als sie ihn bei der Großmagd im Bett traf.

Dagegen hab' ich nichts, sagte der *Bauer*, als er sich loben hörte.

Was man genug hat, dessen ist man satt, sagte der *Bauer*, da war er drei Tage verheiratet.

Wie man's treibt, so geht's, sagte der *Bauer* und nahm die Kuh beim Schwanz.

Wo man singt,
da laß dich fröhlich nieder,
sagte der *Bauer* und setzte sich in den Bienenschwarm.

Mit Pläsier, sagen die *Bauern*, wenn sie müssen.

Es ist gut Fastenpredigt halten, wenn der Bauch voll ist, sagte der *Bettler* zum Pater.

Ich achte der Possen nicht,
sagte der *Bischof*,
da hörte er einen Bibelspruch.

Das will ich doch sehn,
sagte der *Blinde*,
wie der Lahme tanzen kann.

Das ist hart,
sagte der *Bock*,
da sollte er lammen.

Ratet mir gut,
sagte die *Braut*,
aber ratet mir nicht ab.

Ein jeder macht's,
so gut er kann,
sagte zur Braut
der *Bräutigam*.

Himmelan geht unsre Bahn,
sagte der *Dachdecker*,
als er vom Turm fiel.

Aller Anfang ist schwer,
sagte der junge *Dieb*,
da stahl er einen Amboß.

Man muß den Kopf nicht verlieren,
sagte der *Dieb*,
als er gehängt
und nicht geköpft wurde.

Nehmt euch Zeit, sagte der *Dieb*,
der gehängt werden sollte; es geht
doch nicht los, ehe ich komme.

Richtig kuriert, sagte der *Doktor*,
dann sind sie meistens tot.

Wie das Maul, so ist der Salat!
sagte der *Esel*
und fraß Disteln.

Das ist garstig, sagte die *Eule*,
da sah sie ihre Jungen an.

Stöhnen ist die halbe Arbeit,
sagte *Eulenspiegel*, da stellte er sich
hinter den Schmied und stöhnte
aufs beste.

Komm, geh mit angeln, sagte der
Fischer zum Wurm.

Was Dein ist, ist auch mein,
sagte die *Frau*, und was mein ist,
geht Dich nichts an!

Alles hat seinen Preis,
sagte die *Frau*, die faule Äpfel
verkaufte.

Man kann des Guten nicht zuviel
tun, sagte die *Frau* und ertränkte
sich im Weihwasser.

Alt mag ich sie nicht,
sagte der *Fuchs*, da fraß er die
junge Ziege auf.

Das ist nur ein Übergang, sagte der *Fuchs*, da zog man ihm das Fell über die Ohren.

Ein Ehrenmann findet bald einen Ehrenmann, sagte der *Fuchs*, als er aus dem Gänsestall kam, zum Wolf, der ein Schaf geraubt hatte.

Hintenheraus sind die besten
Weiden, sagte der *Fuchs*,
nicht für mich, aber für die
guten Gänse.

Wie es doch in der Welt auf und ab geht, sage der *Fuchs* und saß auf dem Brunnenschwengel.

Wir treffen uns wieder, sagte der *Fuchs* zum Wolf, und wenn nicht eher, so spätestens beim Kürschner auf der Stange.

Wo nun hinaus, sagte der *Fuchs*,
da saß er in der Falle.

Der Klügere gibt nach, sagte der *Fuchs*, als ihm der Jäger das Fell über die Ohren zog.

Die Reden sind gut, sagte der *Fuchs*,
aber ins Dorf geh ich doch nicht.

Es ist ein Unterschied zwischen 'rein und 'raus, sagte die *Hebamme*.

Vor dem Hunde fürchte ich mich nicht, sagte der *Hirsch*, aber das Bellen kann ich nicht vertragen.

Irren ist menschlich, sagte der *Igel*,
da sprang er von der Haarbürste.

Bis die Äpfel reif waren, sagte der *Junge*, als ihn der Schulmeister fragte, wie lange Adam im Paradies gewesen sei.

Wenn ich Großherzog wäre,
sagte der *Junge*, hütete ich die
Gänse zu Pferde.

Wir gehen in die Betschule,
sagte der *Junge*, da saß er im Pastor
seinen Apfelbaum.

Wir spielen Mann und Frau,
sagte der *Junge*, der sich mit seiner Schwester prügelte, als die Mutter fragte, warum sie sich zankten.

Spaß muß sein, sagte der *Kater*
und nahm sich die Eichkatz vor.

Alle Tage was Neues! sagte die *Katze*, als sie sich an der heißen Milch das Maul verbrannt hatte.

Ich sitze ganz gut, sagte die *Katze*, da saß sie auf dem Speck.

Was sich liebt, das neckt sich, sagte die *Katze* zur Maus und fraß sie.

Brätst Du mir die Wurst,
so lösch ich Dir den Durst,
sagte der *Kellner* zum Koch.

Es wird alle Tage schlimmer, sagte die *Krähe*, als man den Galgen abbrach.

Das ist nicht wahr, sagte der *Krebs*, als die Schwalbe von ihrer Reise erzählte.

Man kann noch so sehr mit Ruhm bedeckt sein, sagte der *Kürschner*, man friert im Winter ohne Pelz.

Den fröhlichen Geber hat Gott lieb, sagte der *Lausbub* und gab dem andern lachend eine Ohrfeige.

Alles kommt an den Mann, sagte das *Mädchen*, bloß ich nicht.

Spaß muß getrieben werden! sagte das *Mädchen*, und wäre es auch nur im Bett.

Wer kann für Gewalt? sagte das *Mädchen*, da zog sie den Mann ins Bett.

Zwing mich, sagte das *Mädchen*, so tue ich keine Sünde.

Meinen Sie, ich sei so eine,
und wenn ich so
eine wäre, was zahlen Sie?,
sagte das *Mädchen*.

Ich kann alles, sagte die *Magd*, am Tag die Frau bedienen und dem Herrn bei Nacht aufwarten.

Ich mache einen rührenden Eindruck, sagte die *Magd* und rührte den Kartoffelbrei um.

Liebe kommt der Bitte zuvor, sagte die *Magd*, als sie zum Knecht in die Kammer kam.

Hinter einem alten Stubben ist gut ruhen, sagte die *Maid*, also sie einen alten Mann heiraten wollte.

Man muß sein Kreuz mit Geduld tragen, sagte der *Mann*, als er seine Frau auf den Rücken nahm.

Reimt sich's nicht, so ist's doch wahr, sagte der *Mann*, da kriegte er von seiner Frau Schläge.

Keine Freud' ohne Leid! sagte die *Maus*, als sie sah, daß sie in der Falle war.

Mehl ist Mehl, sagte die *Maus* und fraß vom besten.

Der liebe Gott ist ja auch im Keller, sagte der *Mönch*, da ging er in den Weinkeller.

Die Welt will betrogen sein, sagte der *Mönch*, darum bin ich hier.

Wer es mit den Frommen hält, wird fromm, sprach der *Mönch* und schlief in einer Nacht bei sechs Nonnen.

Es kommt kein Unglück allein, sagte der *Nachtwächter*, da sperrte er ein betrunkenes Ehepaar ein.

Gestochen ist gestochen, sagte die *Nadel* zum Degen.

Alles kommt an den Mann, sagte die *Nonne*, bloß ich nicht.

Der Verstand kommt mit den Jahren! sagte der *Ochse*, als er in den Mäststall gestellt wurde.

Diese Not hab' ich mir selber getan, sagte der *Ochse*, als er seinen Mist aufs Feld fahren mußte.

Kopfarbeit strengt an, sagte der *Ochse*, da zog er zum erstenmal am Pflug.

Und das wollen einmal Engel werden, sagte der *Pastor*, als er einen Haufen betrunkener Bauern sah.

Frisch gewagt ist halb gewonnen, sprach der *Pater* zu den Nonnen.

Das Beßre ist der Feind des Guten, sagte der *Pfaffe*, ließ die Brattaube liegen und griff nach dem Fasan.

Gehet hin, ihr Verdammten, in das höllische Feuer, sagte der *Pfaffe*, als man eine kurze Predigt von ihm verlangte.

Das sind knappe Zeiten,
sagte der *Pfaffe*, die Bauern machen
ihre Kinder selber.

Wenn niemand stirbt, sagte der
Pfarrer, so ist kein Leben am Ort.

Wir sitzen und raten,
es wäre besser, wir wüßten es,
sagte der *Ratsherr*, als man ihn
fragte, was sie so lange im
Rate machten.

Noch keinen sah ich fröhlich enden,
sagte der *Scharfrichter*.

Ehrlich hält ewig, sagte der
Schneider und dann kann man noch
einen Schlafrock daraus machen.

Was Gott zusammengefügt hat,
soll der Mensch nicht scheiden,
sagte der *Schneider* und nähte den
Hering wieder zusammen.

Eins und eins macht drei,
sagte der *Schulmeister*,
als er mit seiner Braut zu
Bett ging.

Ein voller Bauch studiert nicht gern!
sagte das *Schwein*, nachdem es sich
satt gefressen.

Das kommt auf einen Versuch an,
sagte der *Schweinigel* zum Hasen.

Ich füchte mich nicht,
sagte die *Spinne*, aber es überläuft
mich ein Schauer.

Das Alter geht vor, sagte der *Teufel*,
da stieß er seine Großmutter die
Treppe hinab.

Das ist scharfer Tobak,
sagte der *Teufel*, als der
Jäger ihm ins Maul geschossen
hatte, und spuckte die
Hagelkörner aus.

Das Kraut kenne ich, sagte der
Teufel, da setzte er sich in die
Brennesseln.

Gott sieht das Herz an,
sagte der *Teufel*, als man auf
seinen Pferdefuß wies.

Ich weide meine Schafe,
sagte der *Teufel*, da machte er die
Mönche trunken.

Wo man singt,
da laß dich ruhig nieder,
sagte der *Teufel* und setzte sich
in einen Bienenschwarm.

Besser ist besser, sagte der *Teufel* und nahm den Pfaffen gleich mit.

Gottes Wort kommt in Schwung, sagte der *Teufel* und schmiß seiner Großmutter die Bibel an den Kopf.

Not kennt kein Gebot, sagte der *Teufel* und rasierte sich mit der Feuerzange.

Veränderung muß sein, sagte der *Teufel* und strich sich den Schwanz grün an.

Viel Geschrei und wenig Wolle, sagte der *Teufel* und schor eine Sau.

Man legt die jüngsten Kinder zuerst ins Bett, sagte die *Tochter*, als ihre ältere Schwester Braut war.

Das Ding läuft verkehrt, sagte *Töffel*, als er einen Krebs gehen sah.

Der Mensch ist das Maß aller Dinge, sagte der *Totengräber*, und legte sich probeweise ins Grab.

Man ist sein Lebtage nicht zu alt zum Lernen, sagte das alte *Weib*, da lernte sie noch hexen.

Besser was als gar nichts, sagte der *Wolf*, da fraß er eine Mücke.

BAUERN- UND WETTERREGELN

»Es sieht mancher gen Himmel und weiß nicht,
wie's Wetter wird.«

DAS JAHR

Das Jahr hat 365 Tage.

Das Jahr hat 52 Wochen.
Das Jahr ist lang, der Tage sind viel,
und der Mahlzeiten noch viel mehr.

Das Jahr wirkt mit dem,
was es hat.

Ein Jahr erfordert
viele Stücke Brot.

Es gibt mehr Tage im Jahr
als Getreidehaufen.

Es ist keine Kunst, den Kalender
zu machen, wenn's Jahr vorbei ist.

Frühling erneut, Sommer erfreut,
Herbst bereicht, Winter schleicht.

Frühling verehrt, Sommer ernährt,
Herbst erfüllt, Winter verhüllt.

Frühling begehrt, Sommer ernährt,
Herbst bewährt, Winter verzehrt.

FRÜHLING

Das Frühjahr frißt den Winter.

Der Frosch spricht vom Frühling.

Die Lerche verkündet
den Frühling.

Es lenzt nicht,
ehe es gewintert.

Es wird kein gut Wetter,
bevor unser Herrgott
nicht die Beine von der Erde hat
(Himmelfahrt).

Frühlingsregen
bringt Segen.

Im Lenze Sonnenfinsternis
gibt wenig Korn,
doch Wein gewiß.

Jeder Frühling
bringt neue Lieder.

Kein Frühling
ohne Winter.

Lenz kühl und naß
füllt Scheuer und Faß.

Lerchen und Rosen
bringen des Frühlings Kosen.

März trocken, April naß,
Mai lustig, von beiden was,
bringt Korn in'n Sack
und Wein ins Faß.

Später Frühling,
früher Winter.

Trauert im Frühjahr das Feld,
so lacht im Herbst die Scheune.

Viel Nebel im Frühjahr –
viel Regen im Sommer.

Viel Schnee,
den uns der Lenz entfernte,
läßt zurück uns reiche Ernte.

Wenn im Frühling das Gewölk
in die Berge treibt,
dann gibt's gut Wetter.

Wer im Frühjahr nicht säet,
wird im Spätjahr nicht ernten.

Wer im Frühling
den Pflug trocken
hinausfährt,
bringt ihn naß
im Herbste herein.

Wer im Frühling Kerne legt,
hat im Winter Bäume.

SOMMER

Auf die schönsten Sommertage
folgen die größten Wetter.

Auf einen heißen Sommer
folgt ein strenger Winter.

Den Kuckuck und das Siebengestirn
sieht man nicht beisammen.

Denk an den Winter,
weil's noch Sommer ist.

Der Sommer dauert nicht
das ganze Jahr.

Der Sommer
hat auch kalte Tage.

Der Sommer ist ein Werber,
der Winter ein Verderber.

Der Wein gärt,
wenn die Trauben blühen.

Die Sommermast ist die beste.

Ein schöner Tag
macht keinen Sommer.

Eine Lerche, die singt,
noch keinen Sommer bringt;
doch rufen Kuckuck
und Nachtigall,
so ist es Sommer überall.

Eine Mücke
macht keinen Sommer.

Eine Schwalbe
bringt keinen Sommer.

Es ist nur ein Sommer im Jahr.

Es kann nicht immer Sommer sein,
drum sammelt der Kluge
für den Winter ein.

Fliegen und Freund'
kommen im Sommer.

Der Hennetaster (kümmert sich um ungelegte Eier).

Früher Sommer,
schlechte Ernte.

Im Frühjahr Spinnweben
auf dem Felde,
gibt einen schwülen Sommer.

Im Sommer haben
die Hähne rote Kämme.

Im Sommer kalt,
im Winter warm,
gibt eine Ernte,
daß Gott erbarm.

Ist der Sommer vorbei, ist's zu spät,
Ähren sammeln zu gehn.

Ist's in den ersten
Wochen Sommer,
ist der Winter kein frommer.

Kühler Sommer,
kalter Herbst.

Kurzem Sommer
geht ein früher Lenz voran.

Man muß im Sommer sammeln,
was man im Winter haben will.

So lange die Gurken blühen,
hat niemand Zeit, krank zu sein.

Sommerregen und Mehltau
sind gute Freunde.

Wenn der Heubaum klappert,
schreit der Kuckuck nimmer.

Wenn der Kuckuck schweigt,
beginnt die Lerche.

Wenn die Nachtigall
Heuhaufen sieht,
hört sie auf zu schlagen.

Wer im Sommer
das Holz nicht verbrennt,
wird im Winter
nicht frieren.

Wer im Sommer
nicht will schneiden,
muß im Winter
Hunger leiden.

Wer zur Ernte schläft,
wacht im Winter auf.

Zum ersten das Gras,
dann die Ähren,
danach der volle Weizen
in den Ähren,
dann das Einsammeln
in die Scheune.

HERBST

Auf warmen Herbst folgt meist
ein langer Winter.

Der Herbst kommt früh genug,
wenn er gute Früchte bringt.

Der Tau tut dem August so not,
wie jedermann das täglich Brot.

Die Herbstfieber
sind die schlimmsten.

Ein Herbst, der warm und klar,
ist gut fürs nächste Jahr.

Fällt das Laub zu bald,
wird der Herbst nicht alt.

Herbstgewitter
bringen Schnee,
doch dem nächsten Jahr
kein Weh.

Im Herbst muß man nicht mehr
von Rosen und Tulpen träumen.

Ist beim Herbst
das Wetter naß,
ist auch bald gefüllt
das Glas.

Man muß schon im Herbst
an die Christbescherung
denken.

Man soll herbsten,
solange Herbstzeit ist.

Sind leer die Felder,
so geht's an die Kelder.

Wachsen die Schatten,
flicht Körbe und Matten,
verschließe die Latten,
vertilge die Ratten.

Warmer, feuchter Herbst –
langer Winter;
heller Herbst –
windiger Winter.

Wenn der Kohl gerät,
verdirbt das Heu.

Willst du aufs Wetter
im Jahre achten,
mußt im Herbstmond
die Eichäpfel betrachten:
Haben sie Maden,
wird's Jahr wohl geraten;
haben sie Fliegen,
wirst ein Mitteljahr kriegen;
haben sie Spinnen,
wird ein schlecht Jahr beginnen;

sind sie innerlich schön
und trocken,
wächst im Sommer
viel Weizen und Roggen;
aber wenn sie naß befunden,
tun sie auch nassen Sommer
erkunden;
Sind die Eichäpfel viel und früh,
bringt der Winter groß Kält',
Schnee und Müh'.

WINTER

Bleibt der Winter fern,
so nachwintert es gern.

Der Winter frägt,
was der Sommer verdient hat.

Der Winter
hat ein großes Maul.

Der Winter
ist des Sommers Erbe.

Der Winter
ist ein böser Gast.

Der Winter sieht oft
dem Sommer in die Karten.

Der Winter verzehrt,
was der Sommer beschert.

Die Wintersonne scheint wohl,
aber wärmt nicht.

Ein früher Winter dauert lang.

Fängt der Winter früh an zu toben,
wird man ihn im Januar loben.

Früher Vogelgesang
macht den Winter lang.

Grüner Winter
macht den Kirchhof fett.

Im Winter beim Ofen,
im Sommer im Feld.

Im Winter hat der Bauer
allzeit blauen Montag.

Ist der Winter hart und weiß,
wird der Sommer schön und heiß.

Ist der Winter warm,
wird der Bauer arm.

Kurze Tage
und lange Nächte
verderben die Mägde
und Knechte.

Prasseln die Späne,
blühen die Pläne.

Wenn am Dach hangen
gefrorene Spitzen,
dann ist gut beim
Ofen sitzen.

Ein rauher Tag
macht den Winter nicht.

Wenn es nicht vorwintert,
so nachwintert es gern.

Wenn es nicht
wintern tut,
so wird der Sommer
selten gut.

Laß ein Ei im Nest (halte etwas in Reserve).

Werden die Tage länger,
so wird die Kälte strenger.

Wie auch das Wetter
sich gestaltet –
beim Jahresschluß
die Hände faltet!

Winter und Sommer
reichen sich die Hände.

Winter weich –
Kirchhof reich.

Wintermist ist Sommerpfeffer.

JANUAR
Hartung, Schneemond

Anfang und Ende vom Januar
zeigt das Wetter an fürs ganze Jahr.

Der Jänner hat viel Mützen
auf seinem Kopfe sitzen.

Ist Anfang und Ende
des Monats schön,
so bedeutet's ein gutes Jahr.

Januar klar bringt ein gutes Jahr.

Januar warm –
daß Gott erbarm!

Lacht der Januar im Kommen
und Scheiden,
so bringt das Jahr
noch viele Freuden.

Schöner Januar,
schlechter Mai.

Sind im Januar die Flüsse klein,
gibt's im Herbst einen guten Wein.

Wenn der Tag beginnt zu langen,
kommt die Kälte hergegangen.

Werden die Tage länger,
wird der Winter strenger.

Wie der Januar, so der Juli.

Sie greift nach dem Hühnerei und läßt das Gänseei fahren (sie trifft gierig eine schlechte Wahl).

Sonne

Januarsonne
hat weder Kraft noch Wonne.

Tau und Regen

Der Regen des Januar
fehlt im Sommer.

Gibt's im Januar Regen,
bringt's den Saaten keinen Segen.

Im Januar viel Regen,
viel Schnee,
tut Bergen, Tälern
und Bäumen weh.

Im Januar viel Regen
bedeutet nicht Segen.

Ist der Jänner feucht und lau,
wird das Frühjahr trocken und rauh.

Ist der Jänner naß,
bleibt leer das Faß.

Ist der Januar naß und warm,
wird der Bauersmann gern arm.

Januar mit vielem Regen
bringt den Feldern wenig Segen.

Regen im Januar –
doppelte Keime,
aber nur halbe Frucht
in der Scheune.

Regnet es im Januar,
spart der Bauer sein Heu.

Trock'ner Januar, nasser Juli.

Wenig Wasser im Januar –
viel Wein;
bei vielem Wasser
wird's wenig sein.

Nebel

Auf Nebel im Januar
folgt oft ein nasses Jahr.

Januarnebel bringt Märzenschnee.

Wenn im Januar
viel Nebel steigen,
wird sich ein schönes
Frühjahr zeigen.

Blitz und Donner

Donnert es im Januar,
gibt es Eis ohne Ende.

Januar muß krachen,
soll der Frühling lachen.

Wenn's im Januar
donnert überm Feld,
kommt später große Kält'.

Hagel, Eis und Schnee

Auf trockenen, kalten Januar
folgt viel Schnee im Februar.

Fährt der Bauer im Januar Schlitten,
muß er im Herbst
um Sä-Frucht bitten.

Fehlen dem Jänner
Schnee und Frost,
gibt der März
gar wenig Trost.

Im Januar Schnee zuhauf,
Bauer, halt dein Säckchen auf.

Ist der Januar hell und weiß,
wird der Sommer sicher heiß.

Ist im Januar dick das Eis,
gibt's im Mai ein üppig Reis.

Januar recht hoher Schnee
heißt im Sommer hoher Klee.

Reichlich Schnee im Januar
machet Dung fürs ganze Jahr.

Soviel Schnee,
soviel Klee.

Wenn's im Hornung
nicht tüchtig schneit,
kommt die Kälte
zur Osterzeit.

Wenn im Januar der Südwind brüllt,
werden die Friedhöfe schnell gefüllt.

Januar hart und rauh
nützt dem Getreidebau.

Januar je kälter und heller,
Scheuer und Faß desto völler.

Januar muß vor Kälte knacken,
wenn die Ernte gut soll sacken.

Je frostiger der Januar,
je freudiger das ganze Jahr.

Wenn im Jänner der Frost
nicht kommen will,
so kommt er
im März und im April.

Wenn Januar mit Kälte dräut,
macht die Arbeit im Juli Freud.

Wenn vor und im Januar nicht
viel Fröste und Schnee kommen,
so kommen sie gewöhnlich
im März und April.

Ziehen die Spinnen ins Gemach,
kommt gleich der Winter nach.

Im Januar Füchse bellen, Wölfe
heulen, große Kälte wird noch
lange weilen.

Im Januar sieht man lieber einen
Wolf als den Bauern ohne Jacke.

Im Januar viel Muckentanz
verdirbt die Futterernte ganz.

Läßt der November
viel Füchse bellen,
wird der Winter
viel Schnee bestellen.

Sonnt sich die Katz' im Januar,
liegt sie am Ofen im Februar.

Tanzen im Januar die Mucken,
muß der Bauer nach dem
Futter gucken.

Wenn die Mücken spielen im Januar,
so kommt der Bauer in große
Gefahr.

Wächst das Gras im Januar,
wächst es schlecht das ganze Jahr;
wächst die Frucht auf dem Feld,
wird sie teuer in aller Welt.

Wächst das Gras im Januar,
ist's im Sommer in Gefahr,
wächst das Korn im Januar,
wird es auf dem Markte rar.

Was Januar in die Samen treibt,
in Halm und Ähren steckenbleibt.

Er läuft, als hätte er Feuer am Hintern.

FEBRUAR
Hornung

Auf Fasten folgt Ostern.

Alle Monate im ganzen Jahr
verwünschen den schönen Februar.

Der Februar muß seine Pflicht tun.

Der Februar soll anfangen
wie ein Bär und ausgehen
wie ein Schmeer.

Angst macht das alte Weib laufen.

Fastnacht braucht jeder
seine Pfanne selber.

Fastnacht verhungert niemand.

Guter Februar,
schlechter Frühling.

In der Fasten
leeren die Bauern
Keller und Kasten.

Jedes Fasten hat drei Freßtage.

In der Sintflut ist alles verdorben,
nur die Fische nicht,
darum dienen sie zum Fasten.

Ist der Februar
sehr warm,
friert man zu Ostern
bis in den Darm.

Ist der Februar trocken und kalt,
kommt im Frühjahr die Hitze bald.

Kalter Februar –
gutes Roggenjahr.

Keine Fasten ohne Stockfisch.

Kurze Fastnacht –
lange Fasten.

Langes Fasten
ist nicht Brot sparen.

Ob's warm, ob's kalt,
in jedem Fall:
viel Narren gibt's
im Karneval.

Rauher Februar,
schöner August.

Schaltjahr, Kaltjahr.

Von langem Fasten
stirbt ein Ochse.

Warmer Februar –
kalter März.

Was der Hornung nicht will,
das nimmt der April.

Wenn der Februar kalt,
wird der Winter nicht alt.

Wer lange gefastet hat,
dem sind rohe Bohnen süß.

Wie das Wetter
in den Fastnachtstagen,
mag es sein
auch in den Ostertagen.

Sonne

Im Februar hat es der Bauer lieber,
der Wolf schaut zum Fenster
herein als die Sonne.

Im Februar zu viel Sonn' am Baum
läßt dem Obst keinen Raum.

Sonnt sich die Katze im Februar,
muß sie im März hinter den Ofen gar.

Wenn an Fasnacht die Sonne
scheint,
ist's für Korn und Erbsen gut
gemeint.

Wer Februar an der Sonne liegt,
im Märzen an den Ofen kriecht.

Tau und Regen

Ein nasser Februar
bringt ein fruchtbar Jahr.

Läßt der Februar
das Wasser fallen,
so läßt's der Lenz
gefrieren.

Regen im Februar
bringt flüssigen Dünger für's Jahr.

Sommerregen und Ziegenmist
lassen den Bauern, wie er ist.

Viel Regen im Februar,
viel Sonne das ganze Jahr.

Viel Regen im Februar,
viel Regen das ganze Jahr.

Wenn's im Februar regnerisch ist,
hilft's so viel wie guter Mist.

Nebel

Viel Nebel im Februar,
viel Regen im ganzen Jahr.

Blitz und Donner

Bringt der Februar Gewitter,
merkt mit Schmerzen es der
Schnitter.

Hagel, Eis und Schnee

Fastnachtsschnee
tut der Saat weh.

Februar hat seine Mucken,
baut aus Eis oft feste Brucken.

Gibt's im Februar
weiße Wälder,
freuen sich
Wies' und Felder.

Im Hornung Schnee und Eis
macht den Sommer heiß.

Schnee im Februar
bringt Segen
fürs ganze Jahr.

Weißer Februar
stärkt die Felder.

Sturm und Wind

Der Februar
muß stürmen und blasen,
soll das Vieh
im Lenze grasen.

Heftige Nordwinde im Februar
vermelden ein gar fruchtbar Jahr.
Wenn der Nordwind aber
im Februar nicht will,
dann kommt er sicher im April.

Im Hornung müssen
die Stürme fackeln,
daß den Ochsen
die Hörner wackeln.

Rauher Nord im Februar
deutet auf ein gutes Jahr.

Frost und Hitze

Der Februar ist ein eig'ner Kauz –
wenn's nicht gefroren ist, so taut's.

Februar mit Frost und Wind
macht die Ostertage gelind.

Friert es nicht im Hornung ein,
wird's ein schlechtes Kornjahr sein.

Hätte der Februar
Januars Gewalt,
ließ er verfrieren
jung und alt.

Ist der Februar trocken und kalt,
wirst im August
vor Hitz' zerspringen bald.

Wenn der Hornung
kein Fieber macht,
liefert Märzen
gar manche Schlacht.

Wenn's der Hornung
gnädig macht,
bringt der Lenz
den Frost bei Nacht.

Wenn's im Hornung
nicht friert und schneit,
kommt der Frost
zur Osterzeit.

Tiere

Die weiße Gans im
Februar brütet,
Segen fürs ganze Jahr.

Im Februar hält der Marder beim
Bauer seine Hochzeit.

Im Februar muß die Lerch'
auf die Heid',
mag's sein lieb oder leid.

Singt die Lerch' im Hornung hell,
geht's dem Bauern um das Fell.

Spielen im Hornung die Mücken,
gibt's im Heustall große Lücken.

Tanzen die Mücken im Februar,
gibt's ein spätes Frühjahr.

Tummeln die Krähen noch,
bleibt im Februar
des Winters Joch;
wenn sie vom Feld verschwinden,
wird sich bald Wärme finden.

Wenn die Fliegen spielen im Januar,
kommt noch Kält' im Februar.

Wenn im Februar liegt die Katz'
in der Sonne,
so kriecht sie im März wieder
in die Tonne.

Wenn im Hornung
die Mücken schwärmen,
muß man im März
die Ohren wärmen.

Wenn im Hornung
die Schnaken geigen,
müssen sie
im Märzen schweigen.

Pflanzen

Wer den Hafer sät im Horn,
der hat viel Korn;
wer ihn sät im Mai,
der hat viel Spreu.

Wer weiß, warum die Gänse barfuß gehen (es wird seinen Grund haben).

MÄRZ
Lenzmond

Auf einen freundlichen März
folgt ein freundlicher April.

Auf März folgt stets April,
das ist Kalenderwill.

Brau nur im März gut Bier,
mein lieber Brauer,
es ist gesund
und wird nicht sauer.

Der liebe März
nimmt den Pflug am Sterz.

Der März am Schwanz,
der April ganz,
der Mai neu
halten selten Treu.

Der März
greift dem Winter ans Herz.

Der März
nimmt alte Leute
beim Sterz.

Der Märzmonat
keinen Tag
wie den andern hat.

Der September ist wie März
und Juni wie Dezember,
ohne Scherz.

Ein grüner März
erfreut kein Bauernherz.

Feuchter, fauler März
ist des Bauern Schmerz.

Hell und heiter der März ganz,
der April im Schwanz.

Im März soll man die Wiesen
nach dem Zaun hängen.

Im Märzen
spart man die Kerzen.

Läßt der März
sich trocken an,
bringt er Brot
für jedermann.

März muß zwölf gute Tage haben.

März nicht zu trocken,
nicht zu naß,
füllt dem Bauern Scheun' und Faß.
Und blitzt und donnert's
endlich gar,
kommt ganz bestimmt
ein gutes Jahr.

März trocken, April naß –
Mai luftig, von beiden etwas,
bringt Korn in den Sack und
Wein ins Faß.

Mit dem Märzen
ist nicht zu scherzen.

Säst du im März zu früh,
ist's oft vergebene Müh.

Taut's im März
nach Sommerart,
bekommt der Lenz
einen weißen Bart.

Trock'ner März, nasser April,
kühler Mai,
füllt Scheuer, Faß und bringt
viel Heu.

Trock'ner März, nasser April,
kühler Mai,
schreit der Bauer Juchhei.

Was der März nicht will,
holt sich der April;
was der April nicht mag,
steckt der Mai in den Sack.

Wenn der März nicht tut,
was er soll, ist der April
der Launen voll.

Wenn der März zum April wird,
wird der April zum März.

Wer seinen Mist will verscherz',
der muß fahren im März.

Wer wässert im März und im Mai,
hat Wiesen, aber hat kein Heu.

Zu Anfang oder zu End'
der März sein Gift versend't.

Sonne

Ein heiterer März
erfreut des Bauern Herz.

Im März kalt und Sonnenschein,
wird eine gute Ernte sein.

Märzensonne – kurze Wonne.

Tau und Regen

Auf Märzenregen dürre Sommer
zu kommen pflegen.

Ein Regen im März,
der am Mittag fällt,
sich meist zwei Tage am Orte hält.

Im März Tau –
um Pfingsten Reif,
im August
ein Nebelstreif.

Im März viel Regen –
im Sommer wenig Segen.

Märzenregen –
der Sommer trocken,
und die Ähren bleiben hocken.

Märzenregen zeigen an,
daß große Winde zieh'n heran.

Er gähnt den Ofen an
(er versucht, sein Maul weiter aufzureißen als eine Ofenklappe; er überschätzt seine Fähigkeiten).

Märzenstaub und Aprilregen
bringen im Mai großen Segen.

Nasser März
ist Bauernschmerz.

Viel Tau im Monat März
bringt Reif um Pfingsten,
den Feldern Schmerz.

Wieviel im Märzen
Tau vom Himmel steigen,
soviel Reife sich
nach Ostern zeigen,
und soviel Nebel im Augustmond
kommen,
was du merken magst zu deinem
Frommen.

Nebel

Im März viel Nebel,
recht nasser,
im Sommer viel Regen,
groß' Wasser.

Jeder Märznebel kommt nach
hundert Tagen als Regen wieder.

Soviel Nebel im März,
soviel Fröste im Mai,
soviel Gewitter im Sommer.

Soviel Nebel
im Märzen steigen,
soviel sich Wetter
im Sommer zeigen.

Soviel der März an Nebeln macht,
so oft im Juni Donner kracht.

Soviel Nebel im März,
soviel Frost im Mai.

Wenn im März viel Nebel fallen,
im Sommer viel Gewitter schallen.

Blitz und Donner

Donnert's im März,
lacht dem Bauern
das Herz.

Donnert's im März,
schneit's im Mai.

Donnert's in den März hinein,
wird der Roggen gut gedeih'n.

Gewitter im Märzen
geh'n dem Bauern zu Herzen.

Stellt sich im März
schon Donner ein,
so muß das ein Gewitter sein.

Hagel, Eis und Schnee

Langer Schnee im März gibt Heu,
aber mager Korn und Spreu.

Fürchte nicht den Schnee im März,
drunter schlägt ein warmes Herz.

Im März viel Schnee und Regen
bringt wenig Sommersegen.

März ohne Schnee
tut den Saaten weh.

Märzenstaub
bringt Gras und Laub;

Er sucht das Beilchen (er sucht einen Vorwand, eine Ausflucht).
Hier ist er mit seiner Laterne dabei (hier kann er einmal sein Licht leuchten lassen).

Märzenschnee
tut den Saaten weh.

Märzschnee tut
der Saat nicht weh.

Schnee, der erst im Märzen weht,
abends kommt und morgens geht.

Sturm und Wind

Wenn im März viel Winde weh'n,
wird's im Maien warm und schön.

Frost und Hitze

Soviel Fröste im März,
so viele im Mai.

Tiere

Der März soll kommen
wie ein Wolf
und gehen wie ein Lamm.

Der März
bricht der Kuh das Herz.

Der März ist der Lämmer Scherz,
er ist oft auch ihr Schmerz.

Im Märzen früher Vogelsang
macht den Winter lang.

Kommt der März wie ein Löwe,
so geht er wie ein Lamm;
kommt er wie ein Lamm,
so geht er wie ein Löwe.

Märzenferkel, Märzenfohlen
alle Bauern haben wollen.

Maulwurfshaufen im März zerstreut
lohnt sich wohl zur Erntezeit.

Wenn im März
die Kraniche ziehen,
werden bald
die Bäume blühen.

Wenn im März viel Mückenspiel,
dann sterben
der Bien' und Schafe viel.

Pflanzen

Blumen im März
machen alten Leuten Schmerz.

Dem Golde gleich
ist Märzenstaub,
er bringt uns Kraut und Gras
und Laub.

März trocken,
viel Roggen.

Märzenblüte
ist ohne Güte.

Märzenblüte ist nicht gut,
Aprilblüte ist halb gut,
Maienblüte ist ganz gut.

Siehst im März
gelbe Blumen im Freien,
magst getrost du Samen streuen.

Wenn der März
stößt rauh ins Horn,
steht es gut
mit Heu und Korn.

Wer will dicke Bohnen essen,
darf des Märzen
nicht vergessen.

APRIL
Ostermond

Am besten hat's der Herrgott
im April:
Er kann's Wetter machen,
wie er will.

April und Mai fürwahr
sind die Schlüssel
zum ganzen Jahr.

April weiß nicht,
was er will.

Aprilwetter und Kartenglück
wechseln jeden Augenblick.

Auf trockenen April
nasser Sommer folgen will.

Bald trüb und rauh,
bald licht und mild
ist der April –
des Menschen Ebenbild.

Der April ist ein Schalk.

Der April macht alle Tag'
neunmal sein Spiel.

Der April
treibt sein Spiel –
treibt er's toll,
wird die Tenne voll.

Der April treibt sein Spiel, wie er will.

Guter April –
schlechter Mai.

Ist der April schön und rein,
braucht der Mai sich nicht zu freun',
schlimmer ist es, wenn er dürr,
denn kein Bauer dankt dafür.

Ist es im April sehr trocken,
geht der Sommer nicht auf Socken.

Wächst der April,
steht der Mai still.

Wenn der April Spektakel macht,
gibt's Korn und Heu in voller Pracht.

Wie die erste Hälfte April,
so auch der Sommer.

Sonne

Gehst du im April bei Sonne aus,
laß den Regenschirm nicht zu Haus.

Der eine schert Schafe, der andere Ferkel (der eine lebt im Überfluß, der andere in Not).
Viel Geschrei und wenig Wolle.
Scher sie, aber schinde sie nicht (sei nicht um jeden Preis auf deinen Vorteil bedacht).
Geduldig wie ein Lamm.

Tau und Regen

April - mehr Regen als
Sonnenschein,
dann wird's im Juni
trocken sein.

April naß und kalt,
wächst das Korn
wie ein Wald.

Bringt der April viel Regen,
denkt dies auf Segen.

Der April zählt 30 Tage,
doch regnete es 31,
es würde nicht schaden.

Ein nasser April
verspricht der Früchte viel.

Ein trockener April
ist nicht des Bauern Will';
April mit Regen
ist ihm gelegen.

Je mehr im April
die Regen strömen,
desto mehr wirst du
vom Felde nehmen.

Nasser April
gibt blumigen Mai.

Stellt sich im April
der Regen ein,
dann hat man
keinen Sonnenschein.

Warmer Aprilregen
bringt großen Segen.

Wenn naß war der April,
der Juni selten regnen will.

Hat der April mehr Regen
als Sonnenschein,
wird's im Juni
trocken sein.

Nasser April -
trockener Juni.

Blitz und Donner

Donner im April
ist des Bauern Will.

Hagel, Eis und Schnee

Aprilschnee düngt,
Märzenschnee frißt.

Aprilschnee
ist besser als Schafmist.

Bringt der April
noch Schnee und Frost,
gibt's wenig Heu
und sauren Most.

Der April ist nicht zu gut,
er beschneit dem Ackermann
den Hut.

Im April ein tiefer Schnee –
keinem Dinge tut er weh.

Ist der April zu schön,
kann im Mai
der Schnee noch weh'n.

Schnee im April –
gut düngen will.

Sturm und Wind

April windig und trocken
macht alles Wachstum stocken.

Bläst der April
mit beiden Backen,
gibt's genug
zu jäten und hacken.

Wenn's im April brav
stürmt und schneit,
so gibt's eine schöne Sommerzeit.

Frost und Hitze

Aprilenglut tut selten gut.

Aprilreif ist Gift für die Felder.

Mond

Mondhelle Nächte im April
schaden der Baumblüte viel.

Tiere

Aprilenwärme und Regen
machen den Schnecken die Wege.

Maikäfer, die im April schwirren,
müssen meist im Mai erfrieren.

Schafe und Bienen
haben im April ihr Leid.

Siehst du im April die Falter tanzen,
kannst du getrost im Garten pflanzen.

Wenn der April wie ein Löwe kommt,
so geht er wie ein Lamm.

Wenn die Frösche quaken im April,
noch Schnee und Regen
kommen will.

Wenn im April
die Maikäfer fliegen,
bleiben die meisten im
Schmutz später liegen.

Pflanzen

Der April
macht die Blum'
und der Mai
hat den Ruhm.

Im April
wächst das Gras in Füll.

Im April
wächst das Gras ganz still.

Je früher im April
die Schlehen blühen,
desto früher die Schnitter
zur Ernte ziehen.

Schießt im April
das Gras,
bleibt der Maimond
kühl und naß.

Wächst das Gras
schon im April,
steht's dafür
im Maien still.

MAI
Wonnemonat

April und Mai
sind die Schlüssel
zum ganzen Jahr.

Der Mai ist selten so gut –
er setzt dem Zaun einen Hut.

Der Mai kommt gezogen
wie der November verflogen.

Der Mai lockt ins Frei'.

Der Mai, zum Wonnemonat erkoren,
hat den Reif noch hinter den Ohren.

Des Maien Mitte
hat für den Winter noch eine Hütte.

Ein kühler Mai wird hoch geacht',
hat stets
ein fruchtbar' Jahr gebracht.

Ein kühler Mai bringt allerlei.

Ein rechter Mai fürwahr,
das ist der Schlüssel
zum ganzen Jahr.

Erst Mitte Mai ist der Winter vorbei.

Es wird kommen der Mai,
der wird fragen: Hast du auch Heu?
Ja, hätt ich Stroh,
so wär ich froh.

Im Mai atmet man frei.

Im Mai geschoren
ist neugeboren.

Im Mai soll
der Weidmann ausschlafen,
und der Förster die Augen
nicht zutun.

Kühler Mai
bringt allerlei,
gut Geschrei,
Gras und Heu.

Mailuft
bringt die Toten aus der Gruft.
So wie der Mai
werden Obst und Heu.

Trockener Mai -dürres Jahr.

Trockener Mai -Wehgeschrei.

Trockener Mai bringt Dürre herbei.

Wenn am ersten Mai der Wald grünt,
so ist an Jakobi die Ernte zu hoffen.

Wenn der Mai den Maien bringet,
ist es besser, als wenn er ihn findet.

Er schleift den Klotz (er ist ein betrogener Freier; er rackert sich für etwas ab, das keinen Sinn hat).

Roßäpfel sind keine Feigen (man soll sich nichts weismachen lassen).

Wenn der Mai
ein Gärtner ist,
dann ist er auch
ein Bauer.

Will der Mai
ein Gärtner sein,
trägt er nicht
in Scheunen ein.

Willst du wissen des
Weines Frommen,
so laß den Mai
zu Ende kommen.

Sonne

Sonnenfinsternis im Mai
führt trockenen Sommer herbei.

Tau und Regen

Abendtau und Kühl' im Mai
bringen Wein und vieles Heu.

Auf nassen Mai
kommt trock'ner Juni herbei.

Genug Regen im Mai
gibt dem ganzen Jahr
Brot und Heu.

Ist's im Mai recht kalt und naß,
haben die Maikäfer wenig Spaß.

Mai ohne Regen,
fehlt's allerwegen.

Maienfrische und Maientau,
Trauben am Rebstock
und Heu auf den Wiesen.

Mairegen auf die Saaten –
dann regnet es Dukaten.

Mairegen bringt Segen,
da wächst jedes Kind,
da wachsen die Blätter,
die Blumen geschwind.

Maitau macht grüne Au,
Mairegen bringt Segen.

Maitau macht grüne Au,
Maifröste unnütze Gäste.

Nasser Mai
bringt trockenen Juni herbei.

Regen im Mai
gibt fürs ganze Jahr
Brot und Heu.

Stehend Wasser im Mai
bringt die Wiese ums Heu.

Wenn's im Mai viel regnet,
ist das Jahr gesegnet.

Zu nasser Mai
macht viel Geschrei
und wenig Heu.

Nebel

Gibt's im Mai der Nebel viel,
fehlt's an Äpfel und Birnen
zum Spiel.

Blitz und Donner

Das Jahr fruchtbar sei,
wenn's viel donnert im Mai.

Donner im Mai
führt großen Wind herbei.

Donnert es im Mai
recht viel,
hat der Bauer
gewonnen Spiel.

Gewitter im Mai
bringt Früchte herbei.

Viel Gewitter im Mai
singt der Bauer Juchhei.

Hagel, Eis und Schnee

Es ist kein Mai so gut –
er schneit dem Schäfer
auf den Hut.

Weißer Mai,
weißer September.

Sturm und Wind

Den Maien voll Wind
begehrt das Bauerngesind'.

Mai kühl und windig
macht die Scheune
voll und pfündig.

Nasser April
und windiger Mai
bringen ein fruchtbares
Jahr herbei.

Nordwind im Mai
bringt Trockenheit herbei.

Steht im Mai
der Wind aus Süden,
ist uns Regen
bald beschieden.

Frost und Hitze

Ein heißer Mai
ist des Todes Kanzlei.

Ist der Mai heiß und trocken,
kriegt der Bauer kleine Brocken;
ist er aber feucht und kühl,
dann gibt's Frucht und Futter viel.

Maienfrost
Blüten und Früchten
das Leben kost'.

Nachtfröste im Mai schädlich sind,
gut hingegen sind die Wind'.

Tiere

Ein Bienenschwarm im Mai
ist wert ein Fuder Heu;
aber ein Schwarm im Juni
lohnt kaum die Müh'.

Ist's im Mai recht kalt und naß,
haben die Maikäfer wenig Spaß.

Kann sich am Maientag ein Rabe
im Korn verstecken,
dann zu Johannis ein Knabe.

Maikäferjahr – ein gutes Jahr.

Schwärmt die Biene
schon im Mai,
gibt bestimmt es sehr viel Heu.

Sind der Maikäfer und Raupen viel,
steht eine reiche Ernte am Ziel.

Wenn im Mai
die Laubfrösche knarren,
magst du wohl
auf Regen harren.

Wenn im Mai
die Wachteln schlagen,
läuten sie von Regentagen.

Pflanzen

Blüht vor Mai der Schlehendorn,
reift noch vor Jakobi das Korn;
blüht er aber spät im Mai,
steht es schlecht um Korn und Heu.

Der Frost,
der kommt im Mai'n,
ist schädlich
dem Hopfen und Wein,
den Bäumen, dem Korn
und dem Lein.

Der Mai bringt Blumen dem Gesichte,
aber dem Magen keine Früchte.

Im Mai ein warmer Regen
bedeutet Früchtesegen.

Nesseln wachsen im Mai ohne Saaten,
ohne Pflug und ohne Spaten.

Wer am Maiabend setzt Bohnen,
dem wird's lohnen.

Wer Hafer sät im Mai,
der hat viel Spreu.

JUNI
Brachmond

Auf den Juni
kommt es an,
ob die Ernte
soll bestahn.

Bleibt der Juni kühl,
wird's dem Bauern schwül.

Er hängt den Mantel nach dem Wind (er paßt seinen Standpunkt den jeweiligen Umständen an).

Ein Feuer und ein Kessel drauf,
das ist des Junis bester Lauf.

Ist der Brachmond
warm und naß,
gibt's viel Korn
und noch mehr Gras.

Juni feucht und warm
macht keinen Bauern arm.

Juni trocken mehr als naß
füllt mit gutem Wein das Faß.

Michel,
im Juni greif zur Sichel.

Soll gedeihen Korn und Wein,
muß im Juni Wärme sein.

Stellt der Juni mild sich ein,
wird mild auch der Dezember sein.

Stellt der Juni mild sich ein,
wird's auch der September sein.

Was bis September
soll geraten,
das muß schon
im Juni braten.

Was im Juni nicht wächst,
gehört in den Ofen.

Wenn der Juni kühl und trocken,
gibt's was in die Milch zu brocken.

Wenn naß und kalt der Juni war,
verdirbt er meist das ganze Jahr.

Wettert der Heuet mit großem Zorn,
bringt er dafür auch reichlich Korn.

Sonne

Soll Feld und Garten
wohl gedeih'n,
dann braucht's im Juni
Sonnenschein.

Vor finst'rer Sonne in der Blüte
der liebe Gott das Korn behüte!

Tau und Regen

Brachmonat kalt und naß
leert Scheuer, Küch' und Faß.

Brachmond naß
leert Scheuer und Faß.

Der Rosenmond
feucht und warm
kommt zugute
Reich und Arm.

Fällt Juniregen in den Roggen,
so bleibt der Weizen
auch nicht trocken.

Im Juni bleibt man gerne steh'n,
um nach dem Regen auszuseh'n.

Juni kalt und naß
bringet keinem was.

Juni naß – viel Bodengras.

Juni verdirbt das ganze Jahr,
wenn er kalt und regnig war.

Juniregen bringt reichen Segen.

Juniregen reichster Segen.
Lacht die Sonne,
Wein der Wonne.

Juniregen und Bautträne
dauern so lange wie's Gähnen.

Kalter Juniregen
bringt Wein und Honig
keinen Segen.

Viermal Juniregen
bringt zwölffachen Segen.

Was es in die Rosen regnet,
wird den Feldern mehr gesegnet.

Wenn's im Juni viel regnet,
ist der Graswuchs gesegnet.

Blitz und Donner

Bläst der Juni
ins Donnerhorn,
so bläst er ins Land
das gute Korn.

Gibt's im Juni Donnerwetter,
wird auch das Getreide fetter.

Im Juni
ein Gewitterschauer
macht gar froh
das Herz dem Bauer.

Im Juni viel Donner
bringt fruchtbaren Sommer.

Juni viel Donner
verkündet trüben Sommer.

Viel Donner im Juni
bringt ein fruchtbares Jahr.

Sturm und Wind

Menschensinn und Juniwind
ändern sich oft gar geschwind.

Nordwind, der im Juni weht,
nicht im besten Rufe steht,
kommt er an mit kühlem Gruß,
bald Gewitter folgen muß.

Wenn im Juni Nordwind geht,
kommt Gewitter oft recht spät.

Wenn im Juni Nordwind weht,
das Korn zur Ernte trefflich steht.

Wenn Nordwind weht im Junius,
gar bald Gewitter folgen muß.

Frost und Hitze

Bringt der Juni trock'ne Glut,
dann gerät der Wein uns gut.

Junihitz' und Dezemberkält',
mit beiden ist es gleich bestellt.

Ein Nachtfrost noch im Junius
macht ohn' Ausnahm' viel Verdruß.

Wenn die Nacht zu längen beginnt,
dann die Hitze am meisten zunimmt.

Wie die Junihitze sich stellt,
so stellt sich auch die Dezemberkält'.

Mond

Neumond und Vollmond im Juni
bringen Standwetter.

Tiere

Wenn im Juni
die Bremsen stechen,
dann lauf mit dem Rechen.

Sie trägt Feuer in der einen, doch Wasser in der anderen Hand (sie ist doppelzüngig und unaufrichtig).

JULI
Heumond

Der Juli bringt die Sichel
für Hans und Michel.

Früher Sommer –
später Hunger.

Im Juli muß braten,
was im Herbst soll geraten.

Im Juli will der Bauer
lieber schwitzen,
als untätig hinter
dem Ofen sitzen.

Ist's im Juli
recht hell und warm,
friert's um Weihnachten
Reich und Arm.

Juli schön und klar
gibt ein gutes Bauernjahr.

Was der Juli verbricht,
rettet der September nicht.

Was du an einem Tag
versäumest im Julei,
schaffen zehn Tage
im August nicht herbei.

Was Juli und August
nicht kochen,
kann der September
nicht braten.

Was Juli und August nicht taten,
läßt der September ungebraten.

Was nicht gut im Juli steht,
im September nicht gerät.

Wenn gedeihen soll der Wein,
muß der Juli trocken sein.

Wenn naß und kalt
der Juli war,
verdirbt er meist
das ganze Jahr.

Wer im Heuet nicht gabelt,
in der Ernte nicht zappelt,
im Herbste nicht früh aufsteht,
seh' zu, wie's ihm im Winter geht.

Wer im Juli sich regen tut,
sorget für den Winter gut.

Sonne

Des Juli warmer Sonnenschein
macht alle Früchte
reif und fein.

Die Julisonne
arbeitet für zwei.

Im Juli
recht viel Sonnenschein
wird jedem Bauern
willkommen sein.

Juli Sonnenbrand –
gut für Leut' und Land.

Julisonnenschein
wird der Ernte
nützlich sein.

Julisonnenstrahl
gibt eine gute Rübenzahl.

So golden im Juli
die Sonne strahlt,
so golden sich
der Roggen mahlt.

Wenn die Sonne
in den Löwen geht,
die größte Hitze
alsdann entsteht.

Wolken

Juliwolken –
fette Molken.

Tau und Regen

Fällt im staubigen Juli
zeitig Regen,
ist's für die Natur
von reichem Segen.

Hört der Juli mit Regen auf,
geht leicht ein Teil
der Ernte drauf.

Juli kühl und naß –
leere Scheunen, leeres Faß.

Juliregen
nimmt den Erntesegen.

Regnet's zum Juli hinaus,
guckt der Bauer nicht gern
aus dem Haus.

Wechselt im Juli
Regen und Sonnenschein,
wird im nächsten Jahr
die Ernte reichlich sein.

Wenn der Juli fängt zu tröpfeln an,
wird man lange Regen han.

Wenn's im Juli
bei Sonnenschein regnet,
man viel giftigem
Mehltau begegnet.

Blitz und Donner

Bei Donner
man im Julius
viel Regen
noch erwarten muß.

Die Donnerwetter
sind dem Juli keine Schande.

Donnert's viel im Julius,
gibt's später
manchen Regenguß.

Ein tüchtig Juligewitter
ist gut für Winzer
und Schnitter.

Julidonner
füllt die Grummetkammer.

Wenn's im Juli nicht
donnert und blitzt,
wenn im Juli
der Schnitter
nicht schwitzt,
der Juli
dem Bauer nicht nützt.

Wettert der Juli
mit großem Zorn,
bringt er dafür
reichlich Korn.

Hagel, Eis und Schnee

So selten wie ein Kopf
ohne Nagel,
so selten ein Juli
ohne Hagel.

Frost und Hitze

Bringt der Juli heiße Glut,
so gerät September gut.

Im Juli schwitzen –
im Dezember sitzen.

Juli heiß –
lohnt Müh'
und Schweiß.

Juli trocken und heiß –
Januar kalt und weiß.

Juli viel Glut
macht alles gut.

Nur in der Juliglut
gedeihen Wein
und Getreide gut.

Juli heiß und schwül,
braucht der Bauer
der Hände viel.

Tiere

Baut im Juli die Ameis' groß den Hauf,
folgt ein strenger Winter drauf.

Im Juli ruft die Wachtel die
Schnitter in das Feld.

Wenn die Schwalben
jetzt schon ziehen,
sie vor der baldigen Kälte fliehen.

Wenn im Juli
die Immen noch bauen,
mußt dich nach
Holz und Torf umschauen.

Pflanzen

Weizen schneid, wenn er gülden,
Roggen, wenn er weiß ist.

AUGUST
Erntemond

Der August ist Winters Anfang.

Der August reift –
der September greift.

Der August vergeht,
indem der Bauer mäht.

Der Bauer nicht gern schaut,
wenn's im August mehltaut.

Ein trockener August
des Bauern Lust.

Gibt's im August keine Garben,
wird man im Winter darben.

Im August
ist gut Ährenlesen.

Ist die erste Augustwoche warm,
so gibt es einen rauhen Winter.

Was der August nicht kocht,
das kann der September
nicht mehr braten.

Wenn's der August nicht kocht,
bratet's der September nimmer.

Wer schläft im August,
der schläft
zu seinem eigenen Verlust.

Will der August
dem Winzer nicht lachen,
so kann der September
nicht viel mehr machen.

Sonne

Augustsonne,
die schon sehr früh brennt,
nimmt nachmittags kein gutes End'.

Viel August-Sonnenschein
bringt guten Wein.

Tau und Regen

Der Tau ist dem August so not,
wie jedermann sein täglich Brot,
doch zieht er auf zum Himmel,
herab kommt ein Getümmel.

Ein Regen
im August
ist für den Wald
Erquickungslust.

Es pflegt im August
beim ersten Regen
die Hitze sich zu legen.

Im August der Morgenregen
wird vor Mittag noch sich legen.

Im August
viel Regenschauer
ist Verdruß
für jeden Bauer.

Je dichter der Regen im August,
je dünner wird der Most.

Je dünner die Regentropfen
im August,
je dünner der Most.

Nasser August
macht teure Kost.

Stellt im August
sich Regen ein,
so regnet es Honig
und guten Wein.

Er hängt der Katz die Schelle an (wenn jemand etwas plant und jedermann davon in Kenntnis setzt, geht sein Unternehmen schief aus).

Wenn's im August
nicht regnet,
ist der Winter
mit Schnee gesegnet.

Wenn's im August
ohne Regen abgeht,
das Pferd mager
vor der Krippe steht.

Wenn's im August viel tauen tut,
dann bleibt zumeist das Wetter gut.

Nebel

Nebel im August, ein kalter Winter.

Im August ein Höhenrauch –
folgt ein strenger Winter auch.

Blitz und Donner

Dem August sind Donner
nicht Schande,
sie nützen der Luft und dem Lande.

Fängt der August mit Donner an,
er's bis zum End' nicht lassen kann.

Wettert es viel im Monat August,
du nassen Winter erwarten mußt.

Nordwinde im August
bringen beständiges Wetter.

Im August Wind aus Nord
jagt Unbeständigkeit fort.

Stürmt es im August,
so gibt es weder Wein noch Most.

Sturm und Wind

Weht Augustmond aus dem Nord,
hält das Wetter dauernd an;
zieh'n die Störche jetzt schon fort,
rückt der Winter bald heran.

Wenn im August der Nordwind weht,
das Wetter lange schön besteht.

Frost und Hitze

August freundlich und heiß,
so bleibt der Winter lange weiß.

August ohne Feuer
macht das Brot teuer.

Fängt der August
mit Hitze an,
bleibt auch lang
die Schlittenbahn.

Ist der August heiß,
wird der Winter streng und weiß.

Ist der August
im Anfang heiß,
wird der Winter
streng und weiß;
stellen sich
Gewitter ein,
wird's bis Ende
auch so sein.

Ist's in der ersten
Augustwoche heiß,
bleibt der Winter
lange weiß.

Macht der August
den Menschen heiß,
geraten sie leicht
in großen Schweiß.

Macht der August
uns heiß,
bringt der Winter
viel Eis.

Tiere

Wenn die Schwalben
jetzt schon zieh'n,
sie vor naher Kälte flieh'n.

Pflanzen

August reift die Beere,
September hat die Ehre.

August soll sein
ein Augentrost,
macht zeitig
Korn und Most.

Einer Rebe und einer Geiß
wird's im August nie zu heiß.

SEPTEMBER
Herbstmond, Scheiding

Der September
entspricht dem März
wie Juni dem Dezember.

Der September
ist der Mai des Herbstes.

Durch Septembers
heiter'n Blick
schaut nochmals
der Mai zurück.

Ein warmer September
ist des Jahres Spender.

Fällt das Laub zu bald,
wird der Herbst nicht alt.

Frische Septemberluft
den Jäger zum Jagen ruft.

Ist der September lind,
ist der Winter ein Kind.

Ist der September
warm und klar,
so hoffen wir
auf ein fruchtbar Jahr.

Lieber im September heuen
als im Maien.

Naß vor Micheli –
kalt vor Christtag.

Nie hat der September
zu braten vermocht,
was ein ungünstiger August
nicht gekocht.

Septemberfleiß
zu ernten weiß.

Septemberwärme dann und wann
zeigt einen harten Winter an.

Septemberwetter warm und klar,
verheißt ein gutes nächstes Jahr.

Soll September
den Bauern erfreu'n,
so muß er gleich
dem Märze sein.

Warme Nächte
bringen Herrenwein –
bei kalten Nächten
wird er sauer sein.

Warmer und trockener
Septembermond,
mit reifen Früchten
reichlich belohnt.

Was der Juli verbrach,
holt der September nicht nach.

Was im September
soll geraten,
muß bereits
der Juni braten.

Wie im September
tritt der Neumond ein,
so wird das Wetter
den Herbst durch sein.

Tau und Regen

Am Septemberregen
ist dem Bauern viel gelegen.

Im September kommt der Regen
wohl dem Bauern stets gelegen;
doch wenn er den Winzer trifft,
ist er grad' so gut wie Gift.

Im September Wässerung
ist der Wiesen Besserung.

Ist der September
reich an Regen,
gereicht das Naß
der Saat zum Segen.

Septembers Anfang mit Regen
kommt allezeit den Bauern gelegen.

Septemberregen
ist für Saat
und Vieh gelegen.

Nebel

Viel Nebel im September
über Tal und Höh'
bringen im Winter
tiefen Schnee.

Blitz und Donner

Donner im September,
dann folgt noch ein Sommer.

Donnert's im September noch,
liegt der Schnee
zu Weihnacht hoch.

Nach Septembergewittern wird
man im Februar vor Kälte zittern.

Septemberdonner prophezeit
vielen Schnee zur Weihnachtszeit.

Später Donner hat die Kraft,
daß er viel Getreide schafft.

Wenn der September noch donnern
kann,
setzen die Bäume viel Blüten an.

Es ist gesund, ins Feuer zu pissen.
Sein Feuer ist ausgepißt (da ist kein Feuer mehr drin).
Mit ihm ist kein Spieß zu drehen.

Sturm und Wind

Wer im Herbst
hell' Wetter will,
hat der Winde
im Winter viel.

Frost und Hitze

Im September schwitzen –
im Dezember sitzen.

Tiere

Geht der Hirsch
naß in die Brunst,
so kommt er
trocken heraus.

Sind die Krähen
nicht mehr weit,
ist's zum Säen
höchste Zeit.

Sitzen die Birnen fest am Stiel,
bringt der Winter Kälte viel.

Wenn im September
viel Spinnen kriechen,
sie einen harten
Winter riechen.

Pflanzen

Baumblüten im Spätjahr
deuten auf ein gutes Jahr.

Späte Rosen im Garten,
schöner Herbst –
und der Winter läßt warten.

Viel Eicheln
im September –
viel Schnee
im Dezember.
Willst du auf das Wetter achten,
mußt du im Herbstmond
die Eichäpfel betrachten:
Haben sie Maden,
wird's Jahr wohl geraten;
haben sie Fliegen,
wirst ein Mitteljahr kriegen;
haben sie Spinnen,
wird ein schlecht' Jahr beginnen;
sind sie innerlich schön und trocken,
wächst im Sommer
viel Weizen und Roggen.

Wird das Obst
sehr langsam reif,
gibt's im Winter
statt Eis nur Reif.

OKTOBER
Weinmond, Gilbhart

Im Oktober räum den Garten;
denn willst du warten,
so kommt die Kälte
und nimmt die Hälfte.

Ist im Oktober
das Wetter hell,
bringt es her
den Winter schnell.

Ist Oktober warm und fein,
kommt ein scharfer Winter
hinterdrein;
ist er aber naß und kühl,
mild der Winter werden will.

Oktober Nordlicht, glaub es mir,
verkündet harten Winter dir.

Oktober rauh –
Januar flau.

Oktober und März
gleichen sich allerwärts.

Oktober,
der fröhliche Wandersmann,
er pinselt Wald, Weide
und Hecken an.

Oktobers Ende
reicht Allerheiligen die Hände.

Oktoberwetter
warm und hell
bringt kalten Wind
und Winter hell.

Warmer Oktober bringt fürwahr
uns sehr kalten Februar.

Wenn der Oktober linde war,
folgt ein kalter Februar.

Wenn im Oktober
das Wetter leuchtet,
noch mancher Sturm
den Acker feuchtet.

Wie der Oktober wittert,
so der März ausfüttert.

Sonne

Herrscht im Oktober
zuviel die Sonn',
hat in der Fasnacht
die Kält' ihr' Wonn'.

Oktober-Sonnenschein
schüttet Zucker
in den Wein.

Tau und Regen

Bringt der Oktober viel Regen,
so ist's für die Felder ein Segen.

Viel Regen im Oktober
und November,
bringen einen windreichen
Dezember.

Wie im Oktober die Regen hausen,
so im Dezember die Stürme brausen.

Zu Ende Oktober Regen,
bringt ein fruchtbar Jahr zuwegen.

Nebel

Im Oktober der Nebel viel –
bringt der Winter Flockenspiel.

Im Oktober viel Nebel auf der Höh',
bringen im Dezember oft viel Schnee.

Viel Nebel im Oktober –
viel Schnee im Winter.

Blitz und Donner

Gewitter im Oktober künden,
daß du wirst nassen Winter finden.

Oktobergewitter
sagen beständig,
der kommende Winter
sei wetterwendig.

Hagel, Eis und Schnee

Schneit's im Oktober gleich,
dann wird der Winter weich.

Bringt der Oktober
schon Schnee und Eis,
ist's schwerlich im Januar
kalt und weiß.

Fällt der erste Schnee in den Schmutz,
vor strengem Winter kündet er Schutz.

Oktoberschnee
tut Pflanz' und Tieren weh.

Sturm und Wind

Im Oktober Sturm und Wind
uns den frühen Winter künd't.

Frost und Hitze

Bringt Oktober Frost und Wind,
wird der Januar gelind.

Im Oktober viel Frost und Wind,
ist der Winter wie ein Kind.

Wenn's im Oktober
friert und schneit,
bringt der Jänner milde Zeit,
wenn's aber donnert und
wetterleucht',
der Winter dem April
an Launen gleicht.

Sterne

Oktoberhimmel voller Sterne
hat warme Öfen gerne.

Tiere

Ist der Oktober kalt und klar,
erfrieren die Raupen
fürs nächste Jahr.

Nichts kann mehr
vor Raupen schützen
als Oktobereis in Pfützen.

Oktober kalt
tötet's Ungeziefer bald.

Oktobermück'
bringt keinen Sommer zurück.

Trägt der Has'
im Oktober sein Sommerkleid,
so ist der Winter wohl noch weit.

Pflanzen

Bleibt's Laub am Ast,
viel Ungeziefer
zu fürchten hast.

Fällt im Oktober
das Laub sehr schnell,
ist der Winter
bald zur Stell'.

Er bescheißt den Galgen (er fürchtet sich vor keiner Strafe; er ist eine Galgenvogel, der übel enden wird).
Wo Aas ist, fliegen die Krähen.

Hält der Baum die Blätter lang,
macht ein später Winter bang.

Hält der Oktober
das Laub,
liegt zu Christnacht
noch Staub.

Hält der Oktober das Laub,
wirbelt auf Weihnacht der Staub.

Sitzt im Oktober das Laub
noch fest am Baum,
fehlt ein strenger Winter kaum.

Späte Rosen im Garten
lassen den Winter noch warten.

Wenn die Bäume zweimal blühen,
wird der Winter lang sich ziehen.

NOVEMBER
Windmond, Nebelung

Der Mai kommt so gezogen,
wie der November verflogen.

Der rechte Bauer weiß es wohl,
daß im November
man wässern soll.

Im November
Mist fahren
soll das Feld
vor Mäusen bewahren.

Ist der November kalt und klar,
wird trüb und mild der Januar.

Kalter November
und fruchtreif Jahr,
sind vereinigt immerdar.

November tritt oft hart herein –
muß nicht viel dahinter sein.

November trocken und klar
bringt wenig Segen
fürs nächste Jahr.

Wenn im November
die Wasser schwellen,
gibt's im Frühling
viel Wellen.

Wenn im November
die Wasser steigen,
so werden sie sich
im ganzen Winter zeigen.

Wenn im November
die Wasser steigen,
wird sich im Frühjahr
viel Regen zeigen.

Wenn's Unwetter
im November nicht will,
kommt es sicher im April.

Sonne

November-Morgenrot
mit langem Regen droht.

Tau und Regen

Im November viel naß –
auf den Wiesen viel Gras.

Novemberwasser
auf den Wiesen,
dann wird das Gras
im Lenz gepriesen.

Viel Regen im November,
viel Wind im Dezember.

Wenn der November
regnet und frostet,
dies der Saat das Leben kostet.

Blitz und Donner

Hat der November zum Donnern Mut,
wird das nächste Jahr wohl gut.

Novemberdonner hat die Kraft,
daß er viel Getreide schafft.

Novemberdonner
schafft guten Sommer.

Wenn der November
blitzt und kracht,
im nächsten Jahr
der Bauer lacht.

Wenn im November
der Donner rollt,
wird dem Getreide
Lob gezollt.

Hagel, Eis und Schnee

Je mehr Schnee
im November fällt,
um so fruchtbringender
wird das Feld.

Hat der November
einen weißen Bart,
dann wird der Winter
lang und hart.

Novemberschnee
auf nassem Grund
bringt gar schlechte
Erntestund'.

Novemberschnee
tut der Saat nicht weh.

Schneit's im November gleich,
so wird der Winter weich.

Ihm ist es gleich, wessen Haus brennt, wenn er sich nur an den Kohlen wärmen kann (er nimmt jede Gelegenheit wahr, um zu seinem Profit zu kommen).

Viel Novemberschnee –
viel Korn und Klee.

Frost und Hitze

Friert im November
zeitig das Wasser,
dann ist's im Januar
um so nasser.

Sterne

Wenn im November
die Stern' stark leuchten,
läßt dies auf bald
viel Kälte deuten.

Pflanzen

Wenn im November
die Bäume blüh'n,
wird sich der Winter
lang hinzieh'n.

Baumblüt' im November gar,
noch nie ein gutes Zeichen war.

Blühen im November
die Bäume aufs neu,
währet der Winter bis zum Mai.

Fällt im November das Laub
sehr früh zur Erden,
soll ein feiner Sommer werden.

Ist im November
die Buche im Saft,
viel Nässe dann
der Winter schafft.

Sitzt November
fest im Laub,
wird der Winter hart,
das glaub.

Steht im November
der Buche Holz im Saft,
so wird der Regen stärker
als der Sonne Kraft;
ist es aber starr und fest,
sich große Kälte erwarten läßt.

DEZEMBER
Christmond

Auf einen dunklen Dezember
folgt ein fruchtbares Jahr.

Bleibt im Dezember
der Winter fern,
so nachwintert es gern.

Christmond launisch und lind –
der ganze Winter ein Kind.

Christmond im Dreck
macht der Gesundheit ein Leck.

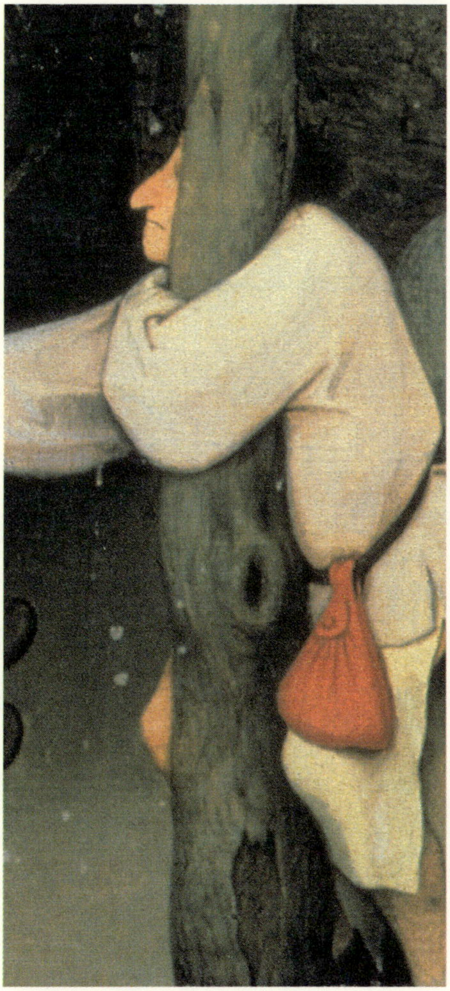

Die Liebe ist auf der Seite, an der der Geldbeutel hängt.

Dezember warm –
daß Gott erbarm.

Ein kalter Dezember
und fruchtbares Jahr
sind vereinigt immerdar.

Entsteigt der Rauch
gefrorenen Flüssen,
ist auf große Kält'
zu schließen.

Es folgte noch allzeit
und immerdar
auf kalten Dezember
ein fruchtbar Jahr.

Geht der Dezember auf,
so gibt's 'n
wetterwend'schen Lauf.

Ist der Winter warm,
wird der Bauer arm.

Ist's in den zwölf Nächten mild,
sind sie milden Winter Bild.

Kalter Dezember – zeitiger Frühling.

Kalter Dezember
mit recht viel Schnee,
wächst im Jahr darauf
viel Frucht und Klee.

So kalt
im Dezember,
so heiß
im kommenden Juni.

Trockener Dezember,
trockenes Frühjahr
und trockener Sommer.

Von Weihnachten bis Dreikönigstag
aufs Wetter man wohl achten mag.
Ist's regen-, nebel-, wolkenvoll,
viel Krankheit er erzeugen soll;
leb mit Vernunft und Mäßigkeit,
bist du vor allem Wetter gefeit.

Wenn der Christmond bricht,
so ist der Winter
ein Wicht.

Wenn die Kälte in der
ersten Adventswoche kommt,
hält sie zehn Wochen an.

Wenn dunkel
der Dezember war,
dann rechne auf
ein gutes Jahr.

Wenn es vor Weihnachten
nicht vorwintert,
so wintert es
im Frühjahr nach.

Wenn man den Winter soll loben,
so muß er frieren und toben.

Wenn's nicht vorwintert,
so wintert's nach.

Wenn's nicht wintert,
sommert's auch nicht.

Wie der Dezember pfeift,
so tanzt der Juni.

Wie der Dezember, so der Frühling.

Wie sich die Witterung
vom Christtag bis
Heilig Drei König' verhält,
so ist das ganze Jahr bestellt.

Dezember mild
mit viel Regen
ist für die Saat
kein großer Segen.

Dunkler Dezember
deutet auf ein gutes Jahr,
ein nasser aber
macht es unfruchtbar.

Ist der Dezember mild
mit viel Regen,
dann hat das nächste Jahr
wenig Segen.

Nebel

Nebel vor Weihnachten
ist Brot,
Nebel nach Weihnachten
ist Tod.

Winternebel
bringt bei Ostwind Tau,
der Westwind trägt ihn
aus der Au.

Blitz und Donner

Donnert's
im Dezember gar,
kommt viel Wind
das nächste Jahr.

Donnert's ins leere Holz,
wird's schneien ins Laub.

Hagel, Eis und Schnee

Schnee im Dezember
dauert den ganzen Winter.

Auf kalten Dezember
mit tüchtigem Schnee
folgt ein fruchtbares Jahr
mit üppigem Klee.

Wenn es Weihnachten flockt
und stürmt auf allen Wegen,
das bringt den Feldern Segen.

Christmond kalt mit Schnee
gibt Korn auf jeder Höh.

Dezember kalt mit Schnee –
niemand sagt O weh!
Dezember warm –
daß Gott erbarm.

Dezemberwärme
hat Eis dahinter.

Je dicker das Eis
um Weihnacht liegt,
je zeitiger der Bauer
Frühling kriegt.

Je dunkler es
überm Dezemberschnee war,
je mehr leuchtet Segen
im künftigen Jahr.

Je tiefer der Schnee,
um so höher der Klee.

Weihnachten Schnee –
Ostern Klee.

Weiße Weihnachten,
grüne Ostern.

Weißer Dezember,
viel Kälte darein,
bedeutet,
das Jahr soll fruchtbar sein.

Sturm und Wind

Ist's windig an den
Weihnachtstagen,
werden die Bäume
viel Früchte tragen.

Sturm im Dezember
und Schnee,
dann schreit
der Bauer Juchhe.

Viel Wind und Nebel
in Dezembertagen
schlechten Frühling
und schlechtes Jahr ansagen.

Weht Dezemberwind aus Ost,
bringt er den Kranken
schlechten Trost.

Wenn der Wind zu Vollmond tost,
folgt ein langer, kalter Frost.

Wenn Winde wehen im Advent,
dann wird uns reiche Ernt'
geschenkt.

Frost und Hitze

Herrscht im Advent
recht strenge Kält,
sie volle achtzehn Wochen hält.

Im Dezember Frost,
im Jänner Kälte;
im Feber wieder Frost,
ist halber Dünger.

Im Dezember
sollen Eisblumen blüh'n,
Weihnachten sei nur
auf dem Tische grün.

Rauhfrost auf der Flur,
milder Witt'rung Spur.

Pflanzen

Fließt im Dezember
noch Birkensaft,
kriegt der Winter
keine Kraft.

Wenn im Dezember der Weinstock
trocken eingefriert,
so kann er mehr Kälte vertragen
als ein Fichtenbaum.

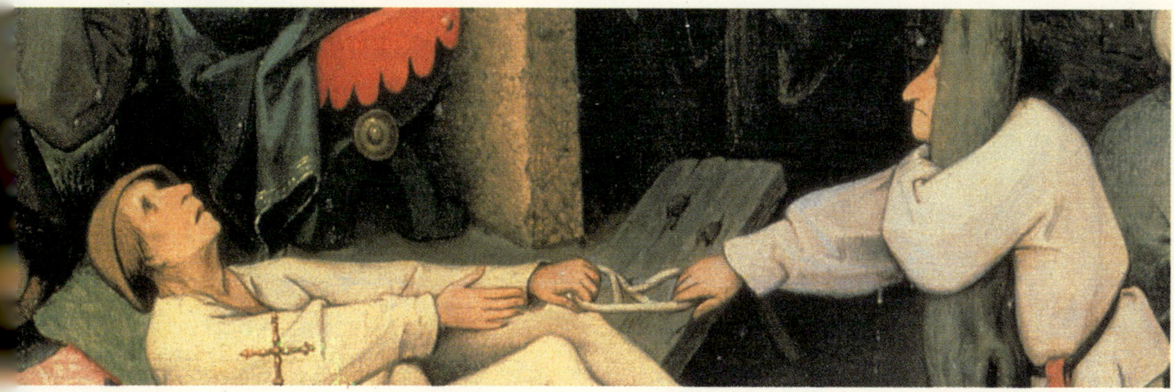

Sie ziehen ums Längste (jeder reißt sich um seinen Vorteil).

DIE WOCHENTAGE

Dem Herrgott
ist nicht zu traun',
sagt der Bauer
und fährt sein Heu
zum Sonntag ein.

Der Sonntag
regiert die Woche.

Es ist kein Sonntag so keck,
daß er die Sonne
den ganzen Tag versteck'.

Es ist kein Sonntag so fad,
die Sonne scheint früh und spat.

Regnet's über das Messebuch,
kriegt man die ganze Woche genug.

Sonntags Regen
und montags gut,
regnet es die Woche genug.

Sonntagswetter
spukt Freitags vor.

Was der Sonntag
für Wetter wird han,
zeigt des Freitag
Abend schon an.

Wenn's am Sonntag regnet,
so regnet's die ganze Woche.

Der blaue Montag
führt zum grauen Dienstag.

Dunkler Montag –
helle Woche.

Montagswetter
wird nicht Wochen alt.

Was am Montag anfängt,
wird nicht wochenalt.

Mittwoch ist gar kein Tag.

Der Donnerstag
ist wunderlich,
der Freitag
gar absunderlich.

Der Donnerstag kommt,
und die Woche ist vorbei.

Donnerstag
steigt der Woch' aufs Dach.

Der Freitag
hält es nicht mit der Woche.

Der Freitag
hat zwei Wetter.

Freitags Mittag
prägt uns ein,
wie Sonntag wird
das Wetter sein.

Wer freitags lacht,
wird sonntags weinen.

Wie das Wetter
am Freitage,
so ist es auch
am Sonntage.

Kein Sonnabend
hat so wenig Glück,
die Sonne scheint
einen Blick.

Wie Samstagabend,
so die nächste Woche.

MORGEN UND ABEND, TAG UND NACHT

Abendrot – Gutwetterbot.

Abendrot backt Brot.

Abendrot bei West
gibt dem Frost den Rest.

Abendrot
gibt ein gut Morgenbrot.

Abendrot und Morgenhell
sind ein guter Reisegesell'.

Abends rot
ist morgens gut,
morgens rot
tut selten gut.

Am Morgen
erkennt man den Tag.

Auf einen trüben Morgen
folgt ein heiterer Tag.

Der Abend rot
und weiß das Morgenlicht,
dann trifft uns
böses Wetter nicht.

Der Abend rot,
der Morgen grau,
gibt das schönste
Tagesblau.

Der düstere Morgen
gibt den hellsten Tag.

Der Morgen grau,
der Abend rot,
ist ein guter Wetterbot.

Je finstrer die Nacht,
je heller der Morgen.

Je wärmer der Abend,
je mehr quaken die Frösche.

Schöne Nächte – trübe Tage.

Schönes Wetter in Sicht,
wenn abends der Himmel rötlich ist.

Wenn es will
Abend sein,
verliert die Sonne
Hitz' und Schein.

HANDWERKSWEISHEITEN

»Ein Mühlstein und ein Menschenherz
wird stets herumgetrieben.
Wo beides nichts zu reiben hat,
wird beides selbst zerrieben.«

Wer soll Meister sein?
Der was ersann.
Wer soll Geselle sein?
Der was kann.
Wer soll Lehrling sein?
Jedermann.

Gesegnet ist der Mann,
der sich von Arbeit nähren kann.

Die Werke zeigen an,
was einer leisten kann.

Nur in seinen Werken
kann der Mensch sich selbst
bemerken.

Eifriges Ringen
führt zum Gelingen.

Wer mit Emsigkeit und Fleiß
tätig war in seinem Kreis,
der genießt mit Heiterkeit
innere Zufriedenheit.

Wer lust'gen Mut
zur Arbeit trägt
und rasch die Arme stets bewegt,
sich immer durch die Welt noch
schlägt.

Wer flink am Tage Gutes tut,
dem ist am Abend wohl zu Mut.

Willst du Bedeutendes schaffen,
mußt die Kräfte zusammenraffen.

Fang' deine Arbeit munter an,
dann ist sie auch schon halb getan.

Lust und Liebe zu einem Dinge
macht alle Müh' und Arbeit geringe.

Wer nicht erwirbt,
verdirbt.

Wer selbst nicht schaffen kann,
noch dichten,
der wird am allerstrengsten
richten.

Wer auf viele Dinge zugleich tut
sinnen,
dem wird gar bald sein Sinn
zerrinnen.

Was wir zuerst beginnen,
ergreifen wir mit allen Sinnen.
Wenn es beginnt zu alten,
gerät man ins Erkalten.

Bei Sinnen und Säumen
wirst Glück du verträumen;
bei Eilen und Hasten
mag's nicht bei dir rasten;
bei Tat und Ertragen,
da wird's nach dir fragen.

Wo rohe Kräfte sinnlos walten,
da kann sich kein Gebild gestalten.

Arbeit macht uns frohe Tage,
Trägheit wird uns bald zur Plage.

Recht ist hüben zwar wie drüben;
aber darnach sollst du trachten,
eigne Rechte mild zu üben,
fremde Rechte streng zu achten.

Nicht Gunst macht Kunst:
Kunst macht Gunst.

Vergebens wird die rohe Hand
am Schönen sich vergreifen,
man kann den einen Diamant
nur mit dem andern schleifen.

Lehre bildet Geister;
doch Übung macht den Meister.

Benutze rasch den Augenblick,
vergangne Zeit kehrt nicht zurück.

Nicht das viele Wissen tut's,
sondern wissen etwas Gut's.

Auswendig Erlerntes,
ein Lüftchen entfernt es;
greif's innewendig,
im Geist und lebendig:
Dann bleibt dir's beständig.

Der Apotheker

Tritt, guter Mann, getrost herein,
steht auf den Büchsen auch Latein.
Du hast nicht gern die Apotheken,
doch schlimmer, Freund, sind
Hypotheken.
Gut schmecke dir stets Speis und
Trank,
doch aber werd auch manchmal
krank.

Ich hab in meiner Apotheken
viel Materie,
die lieblich schmecken,
auch zu stärken den Kranken und
Schwachen.
Kann auch mancherlei Labung
machen.

Mische jeder Arzenei
einen Tropfen Liebe bei.

Der Bäcker

Wir backen Semmel schön braun
und weiß
und herzen die Mädchen mit
ganzem Fleiß.

Ohne Brot und Wein
friert die Liebe ein.

Sollen die Früchte wohl gedeih'n,
muß Regen wechseln mit
Sonnenschein.
Der süße Teig gibt noch kein Brot,
es ist auch Hefe dazu not.

Du findest für den Leib
das Brot in diesem Haus.
Das Brot für deine Seel'
teilt Gottes Wort dir aus.

Sonnenschein
bringt Brot und Wein.

Früh, eh' der Tag noch graut,
morgens, wenn die Erde taut,
müssen Bäcker wachen,
Brot und Semmel machen.
Dies wär' eine feine Kunst,
hätten sie das Mehl umsunst.

Wenn das Brot ist zu klein,
ist die Schuld nicht mein.

Ich backe Brot, Brot geht voran
vor allen Gottesgaben.
Das müssen Bauer, Bürgersmann
und Rat und König haben.

Der Bader

Haare lassen auf dieser Welt
muß wohl mancher,
dem's nicht gefällt.
Doch hat's noch meinen
Kunden allen,
die sie bei mir gelassen, gefallen.
Denn ich besorge Haar und Bart
jedem zum Schmuck nach seiner Art
und wasche jedermann den Kopf,
dem Klügsten wie dem
ärmsten Tropf.

Am Baum blieb hängen Absalom,
des großen Königs David Sohn.
Wär' er vorher zu mir gegangen,
nie blieb' an einem Baum
er hangen.

Den Absalom ein Eichenast
an seinen Locken hielt gefaßt;
hätt' er sie lassen stutzen beizeiten,
so konnt' er munter von
dannen reiten.

Schon in dem Land
der Pharaonen
ist der Barbier
zu Ehr gekommen,
besorgte dort schon Haar und Bart,
jedem nach Wunsch
und Lebensart.

Mein Werk ist ernst und nicht zum Spaßen.
Wer zu mir kommt, muß Haare lassen,
den Kahlkopf nur und 's Milchgesicht
kennt man in diesen Räumen nicht.

Der Bierbrauer

Gott fürchten macht selig,
Bier trinken macht fröhlich,
drum fürchte Gott und trinke Bier,
so wirst du selig und fröhlich hier.

Drückend ist des Tages Schwüle,
rauh und dornig deine Bahn,
suche darum sanfte Kühle
in dem Bräuhaus nebenan.

Zum Billigsten, was man sich denkt,
gehört das Bier: es wird geschenkt.

Der Brillenmacher

Durch Brillen wird das Kleine groß,
das Aug von Unerkenntnis los,
und seine Blödigkeit gebessert:
Liest unser Geist im Buch der Zeit,
durchs Augenglas der Sterblichkeit,
so wird, was ewig ist, vergrößert.

Der Buchbinder

Viel, was man schreibt und druckt, vergeht,
Schweinsleder, Pergament besteht.

Gott merkt und lieset still,
was man verblättern will.

Ich gebe den Büchern das Wesen,
daß jeder sie ordentlich lesen
und besser draus
klug werden kann.

Was im Kopf des Gelehrten ward erfunden,
wird bei mir geleimt, geschnitten, gebunden.

Hier bändigt man die größten Geister
mit Falzbein, Leinewand und Kleister.

Der Buchdrucker

Wir Leute der Buchdruckerei,
ich weiß es und muß
es bekennen,
nichts wüßt' ich auf Erden
zu nennen,
was uns'rer Kunst vorzuzieh'n sei.

Vom Trübsals Druck
kommt Ehrenschmuck.

Ein gutes Buch dir stets was nützt,
denn laß dir folg'nde Weisheit
sagen:
Was du dann schwarz auf weiß
besitz't,
kannst du getrost nach Hause
tragen.

Was sich begibt in Ost und West,
zu Land und Meer, hier wird's
gepreßt;
doch klug dünkt mir der
Zeitungsmann,
der auch von manchem schweigen
kann.

Der Büchsenmacher

Büchsen, Patronen, Pistolen,
alles kann man bei mir holen.
Ich geb sie jedoch nicht jedermann,
nicht dem Dieb und Räuber, nur
dem Ehrenmann.

Der Bürstenmacher

Ich mach Bürstn klein und groß,
daß jeder Schmutz geht leichter los,
der Schmutz am Körper und im
Haus.
Wer aber bürst sich innen aus,
den Schmutz,
der andern nicht gefällt?
Niemand. So ist es auf der Welt.

Der Dachdecker

Auf deinen Kopf gehört ein Hut,
nur dann hat man vor dir Respekt.
Und auch dein Haus
ist dann nur gut,
wenn es mit einem Dach gedeckt.

Ist gerutscht ein Ziegel wem
oder derogleichen,
alsobald dann werde dem
auf das Dach ich steigen.

Der Drechsler

Der Drechsler weiß wohl, wie er soll
den Sachen Form und Zierde geben.
Der Mensch doch bleibt,
an Fehlern voll,
ein grobes Holz in seinem Leben.

Du mußt nicht alles zu Bolzen
drehn,
zuweilen auch durch die Finger
sehn.

In großem Lob der Drechsler steht,
sei auch sein Werk noch so
»verdreht«,
weiß doch nach oben und nach
unten
so hübsch er alles abzurunden.

Der Färber

Der Färber nach der Kunst weiß
allem Farb' zu geben,
grün, blau, gelb, weiß und rot und
was man mehr verlangt.
Der Fromme fleucht den Schein,
damit die Welt sonst prangt,
und suchet ungefärbt gewissenhaft
zu leben.

Die Färber sein fröhlich
und haben keinen Kummer,
sie schlafen im Winter
und arbeiten im Summer.

Der Feilenhauer

Ich vertraue Gott
und laß ihn walten.
Ich mache neue Feilen
und haue die alten.

Der Gastwirt

Wein und Bier sind gut,
wenn man sie braucht in Schranken
und nicht vergißt, davor
dem lieben Gott zu danken.

Der Schnaps, das Bier und
auch der Wein
muß hier vorzüglich sein,
denn wo der Gastwirt selber sauft,
wird sicher kein Getränk getauft.

Der größte Feind der
Menschheit wohl
ist sicherlich der Alkohol,
doch in der Bibel steht geschrieben:
Man soll auch seine Feinde lieben.

Der Wirt hier ist ein
frommer Mann,
sauft immer fort, was er nur kann,
das macht Ihm eben kein Beschwer,
trinkt an, trinkt aus zu
Gottes Ehr.

Alten Wein
aus alten Krügen
und ein Lied
aus alter Zeit
lieb ich
ferne von den Lügen
der modernen
Herrlichkeit.

Sei gegrüßt, du alter guter Freund,
wo willst du denn noch hineilen
heut?
In diesem Gasthaus ist gut bleiben,
kannst dich laben,
Kost zu essen und zu trinken haben.

Lieber Gast, komm' geschwind
herein!
Hast du Geld, so hab' ich guten Wein.
Hast kein Geld, so magst drüben
einkehren,
dort ist ein frischer Brunnen mit zwei
Röhren.

Die Rose blüht,
der Dorn, der sticht.
Wer gleich bezahlt,
vergißt es nicht.

Gott segne deinen Eingang, wenn du
Durst hast,
und deinen Ausgang, wenn du
bezahlt hast.

Wer christlich denkt, wer's redlich
meint
und bar bezahlt, der ist mein
Freund.

Der Glaser

Auch solche Käuze muß es geben,
die von zerbrochenen Scheiben
leben.

In Holz und Kitt steht fest das Glas,
geht's bald in Scherben,
macht's uns Spaß.

Lieber Gott, die Feldfrucht schütz',
der Hagel sei dem Glaser nütz!

Handwerk hat Not -
auch der Glaser braucht Brot.
Der Himmel schütze Korn und Wein,
der Hagel schlag'
bloß Fenster ein.

Der Hafner

Aus Erde und Verstand
macht der Hafner allerhand.

Ich lobe Gott und laß' ihn walten,
mach' neue Öfen, reparier' die alten.

Der Handschuhmacher

Die Hand der Dame, ihre Finger,
das sind gar feine, zarte Dinger.
Kälte und Staub die Reize mindern,
ein Handschuh wird dies leicht
verhindern.

Der Harfenbauer

Für alle irdischen und himmlischen
Gesänge
hat eine Harfe die passenden
Klänge.

Der Holzbildhauer

Könnt die Menschen man formen
wie Holz und schneiden,
gar mancher würde da arg
bescheiden.

Weiches Holz - gutes Herz.
Harter Mensch - höllenwärts.

Das Holz formt leicht sich in der
Hand,
gehorcht das Messer dem Verstand.

Der Holzschuhmacher

Am meisten gilt
auf dieser Welt,
wer am lautesten klappert, was
vielen gefällt.
Ich kann dir deshalb nur eines
raten:
Geh in Holzschuhen, weil die laut
klappern taten.

Der Hutmacher

Man schützt das Haupt mit einem
Hut,
für Sonnen-Hitz und Regen-Flut.

Ich liebe Gott und laß ihn gnädig
walten,
drum mach ich neue Hüt' und färbe
auch die alten.

Und sei der Kopf auch noch
so hohl,
ein feiner Hut steht ihm
doch wohl.

Der Kaminkehrer

Rauch und Husten, Lieb und Sorgen
halten sich nicht lang verborgen.

Wohltätig ist des Feuers Macht,
erst wenn gefegt ist Schlot und
Schacht.

Der Konditor

Gar kurz ist manches Lebens Dauer
und dazu auch noch vieles sauer.
Die schönen Stunden doch genieß' -
mit Kuchen sind sie süß.

Der Korbmacher

Den, der sich Hahn im Korbe denkt,
das Schicksal schnell zu Demut lenkt
und ihm den Brotkorb höher hängt.

Der Kürschner

Im Winter friert's die Menschen
immer.
Ein Ofen wärmt sie auf im Zimmer.
Im Freien wärmt sie nur ein Pelz
vom ersten Schnee an bis zur
Schmelz.

Der Maurer

Ein mancher, der denkt wohl ein
Maurer zu sein,
ist doch noch nicht kommen ins
Handwerk hinein,
denn er ist stets gesessen zu Haus in
sein Nest
und sagt nur so, daß er überall ist
gewest.

Hier hab ich baut nach meinem Sinn,
gefällt's dir nicht, dir bau ich's
anders hin.

Wo Häuser aufzubauen sind,
da reicht das Händereiben nicht.

Der Metzger

Der Ochs hat Fleisch und Bein'
und braucht sie beid' zum Laufen,
darum kann ich das Fleisch
ohn' Knochen nicht verkaufen.

Durch die Kunst des Metzgers darf
das Schwein
in der allerfeinsten Gesellschaft sein.

Der Müller

Ein Mühlstein und ein
Menschenherz
wird stets herumgetrieben.
Wo beides nichts zu reiben hat,
wird beides selbst zerrieben.

Vor Unglück, Hagel, Krieg und
Brand,
schützt uns nur Gottes starke Hand.
Wenn Gott uns aber strafen will,
steht rasch die schönste Mühle still.

Der Orgelbauer

Geringe neben sich verlachen
reißt Glück und Staat
der Großen ein.
Was soll man mit der Orgel machen,
wo nicht auch kleine Pfeifen sein?

Der Salzstößler

Vom Kaiser bis zum Bettelmann
keiner das Salz entbehren kann.
Der Bäcker bäckt ohn' Salz kein
Brot,
ohn Salz wir müßten leiden Not.
Gott gebe auch mit gütiger Hand
ein Körnlein Salz in den Verstand.

Der Sattler

Welcher fest im Sattel sitzt,
ist im Streite wohl beschützt.
Doch willst du sein ein ganzer
Mann,
mußt in der Faust die Zügel han.

Der Schäffler

Ein gut gebund'nes Faß,
ein ausgepichter Magen
kann zwanzig Maß vertragen
und tut sich nicht beklagen.

Der Schirmmacher

Ein Schirm - ob noch so
auserlesen -
bleibt meist ein überspanntes
Wesen.
Doch wehe, wer ihn missen muß
bei Sonnenbrand und Regenguß.

Der Schlosser

Wenn nur an jedes lose Maul
ein Schloß müßt' ang'hängt werden,
dann wär' die edle Schlosserkunst
die beste Kunst auf Erden.

Du darfst nicht, lebst du recht,
nach bösen Mäulern fragen.
Wenn der, des Maul ist schlecht,
ein Schloß müßt daran tragen,
dann hätten wir bei Gott
uns Tag und Nacht zu plagen.

Der Schmied

Jeder an seinem Amboß steht,
schmiedet sein Glück, wie ich
das Eisen.
Gebe Gott, daß wenn es Abend
wird,
wir ein Tagwerk haben
aufzuweisen.

Alles Eisen läßt sich
hämmern,
nicht aus jedem wird
zwar Stahl.

Eins bist du dem Leben schuldig:
Kämpfe oder duld' in Ruh'!
Bist du Amboß, sei geduldig,
bist du Hammer, schlage zu!

Der Schneider

Reiches Kleid
ist oft gefüttert mit Herzeleid.

Das kleinste Ding ist auch zu ehren,
eine Nadel kann einen Schneider
ernähren.

Der Schreiner

Was prahlst du stolz und dünkst
dich reich,
das Schicksal hobelt alle gleich.

Des Schreiners Werk in Ehren steht,
solang's nicht aus dem Leime geht.

Der Schuhmacher

Im Hause meiner Väter
klopf' ich allhier das Leder,
mach' meinen Reim dazu,
frag' nicht, wer's nach mir tu'.

Ich lobe Gott und laß ihn walten,
mach' neue Schuh und reparier'
die alten.

Hier ist ein Stiefel umgekehrt.
Das ist die Welt so hochgelehrt.
Stellst du ihn auf die Sohlen doch,
so bleibt's ein Stiefel immer noch.

Der Seiler

Glückselig im Himmel heißet,
der die Fallstrick der Welt zerreißet.

Die kleinen Diebe hängt man auf,
die großen läßt man laufen.
Wär' dieses nicht der Weltenlauf,
würd' ich mehr Sträng' verkaufen.

Der Spengler

Ich achte meine Hasser
gleich wie das Regenwasser,
das durch die Rinne rinnt
vom Dach herab geschwind.

Der Steinmetz

Was zerstreuet scheint,
wird stets vereint.
Wenn nicht unter meinem Stein,
so wird es doch drüben sein.

Hast du dein Leben
ausgeschnaubt,
ich setz' dir dann den Stein
auf's Haupt
und wünsch', er werd' dir
nicht zu schwer.
Im Leben trugst du oft viel mehr.

Willst du, daß wir in das Haus
mit hinein dich bauen,
laß es dir gefallen, Stein,
daß wir dich behauen.

Der Töpfer

Gott der Schöpfer
war der erste Töpfer.

Der Uhrmacher

Laßt uns die güldnen Stunden
kaufen,
weil noch des Lebens Uhrwerk geht,
eh die Gewichte schnell ablaufen
und der Zeiger steht.

Die Sanduhr geht ohn anzuhalten,
Gott Chronos hält sie in der Hand.
Die Zeit liegt in des Herrgotts
Walten.
Im Leben ist nichts von Bestand.

Der Vergolder

Es ist nicht alles Gold, was glänzt
beim Menschen und auch sunst.
Vergolden kann man unbegrenzt;
das ist ja unsere Kunst.

Der Wachszieher

Bläst uns, oh Welt, in deinem Haus
der Tod des Lebens Lichtchen aus,
wird am Geruch es offenbar,
wer Talglicht und wer Wachslicht
war.

Der Wagner

In Sommers Tagen
rüste den Schlitten
und deinen Wagen
in Winters Mitten.

Der Weber

Wer gut webt,
der gut lebt.
Wer nicht will weben,
kann nicht leben.

Bei unermüdlich fleißigem
Weben
geht niemals ein einziger Faden
daneben.

Der Zimmerer

Willst du dir ein hübsches
Leben zimmern,
darfst du dich nur um dein
Dach bekümmern.
Besonders keinen
Menschen hassen
und die Zukunft
Gott überlassen.

Auf jedes Haus gehört ein Dach,
bald ist es spitz,
bald ist es flach,
der Zimmerer, der führt es aus -
sonst fehlt die Hauptsach'
an dem Haus.

TRINK- UND WIRTSHAUSSPRÜCHE

»Iß und trink' und sei geduldig,
was du nicht bezahlen kannst,
das bleibe schuldig.«

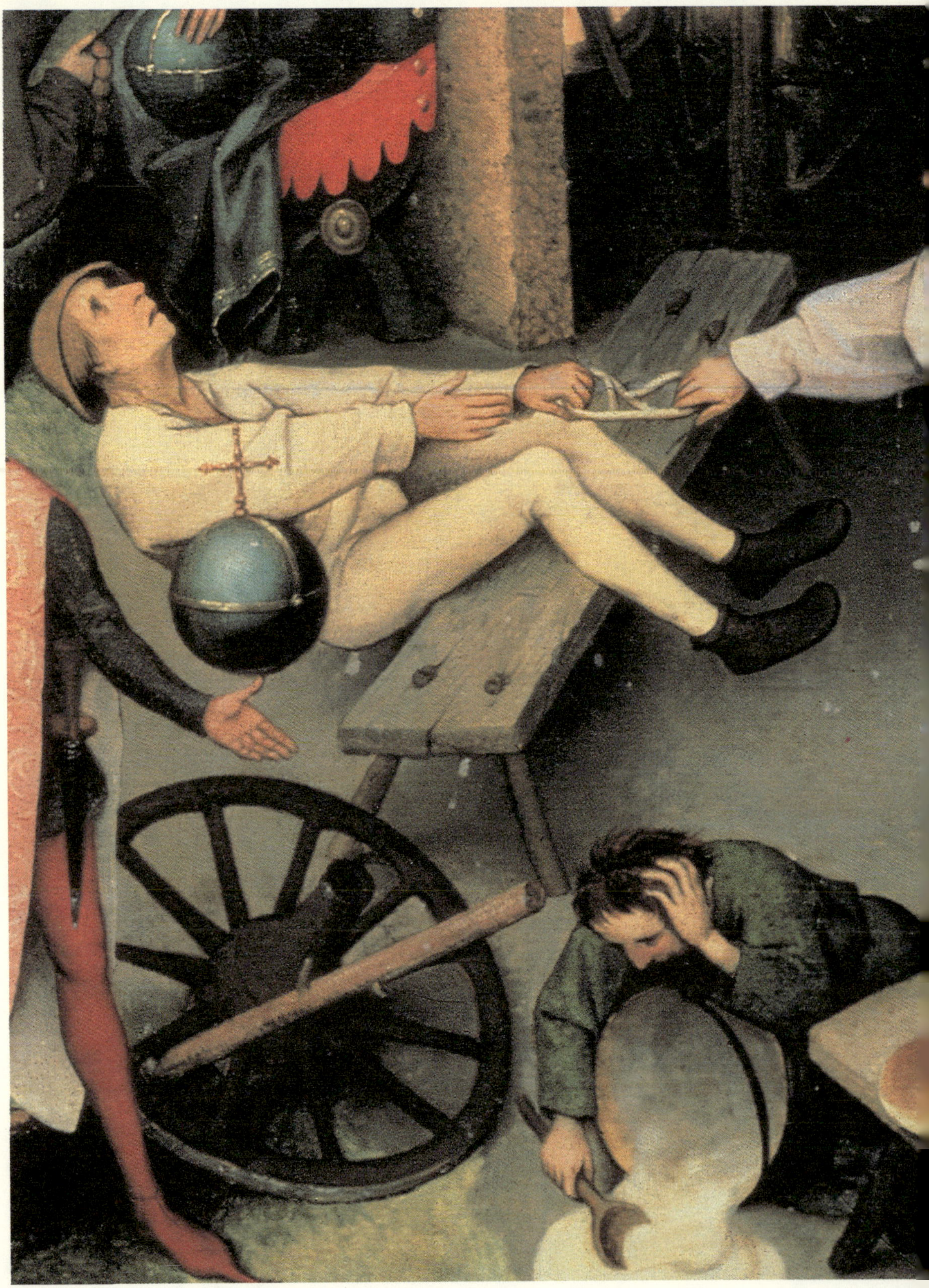

Auf Künftiges rechne nicht
und zähl nicht auf Versprochenes,
klag' um Verlor'nes nicht
und denk nicht an Zerbrochenes.

Bei einem Bissen Brot
vergißt man alle Not.

Der gelbe Wein ist Gold,
der rote Wein ist Blut;
dem Golde bin ich hold,
dem Blute bin ich gut.

Ein froher Gast
ist niemand zur Last.

Ein guter Trunk
macht Alte jung.

Ein Mittel wächst gegen alle Pein:
Das ist der Wein.

Glück und Glas,
wie bald bricht das!

Gott lieben macht selig,
Wein trinken macht fröhlich;
drum liebe Gott und trinke Wein,
so wirst du fröhlich und selig sein.

Gott schuf das Gute, das Böse wir,
er gab uns Wein, und wir
brau'n Bier.

Guter Wille führt zum Ziel:
Trinke oft und trinke viel.

Halte Maß in Speis' und Trank,
so wirst du alt und selten krank.

Heute, morgen, übermorgen
lustig, redlich, frei und froh,
mag der Himmel für uns sorgen,
gute Freunde leben so.

Ich liebe nur den heitern Mann
am meisten unter meinen Gästen;
wer sich nicht selbst zum Besten
haben kann,
der ist gewiß nicht von den Besten.

Iß, trink, sei fröhlich
hier auf Erd';
denk nur nicht,
daß es besser werd'!

Iß und trink und sei geduldig,
was du nicht bezahlen kannst,
das bleibe schuldig.

Komm herein, du edler Gast,
wenn du brav Geld und Beutel hast;
hast du Geld, so setz dich nieder;
hast du keins, so geh gleich wieder.

Tages Arbeit, Abends Gäste;
saure Wochen, frohe Feste!

Trink' ich Wasser, häng' ich's Maul,
trink' ich Bier, so werd' ich faul,
trink' ich Wein, so werd' ich voll,
ich weiß nicht, was ich trinken soll.

Trink nicht in Hast,
als sei's im Spiel!
Der Weise schießt nicht übers Ziel,
er trinkt bedächtig, aber - viel.

Trinke, liebe, rauche
bis zum letzten Hauche.

Vertrink ich mein Geld, so verderb' ich;
vertrink ich's nicht, so sterb' ich;
doch besser getrunken und verdorben,
als nicht getrunken und doch gestorben.

Viel besser wahr und derb und schlicht
als fröhlich, falsch und fein;
es geht mir um den Becher nicht,
es geht mir um den Wein.

Von Vergnügen zu Vergnügen
rastlos eilen hin und her,
ist ein eitles Selbstbetrügen
und bald kein Vergnügen mehr.

Winket dir der Wein im Becher,
greife zu und trinke frisch,
aber nicht mit jedem Zecher
setze dich an einen Tisch.

Wo man Bier trinkt,
kannst du ruhig lachen,
böse Menschen trinken schärf're Sachen.

GRABINSCHRIFTEN

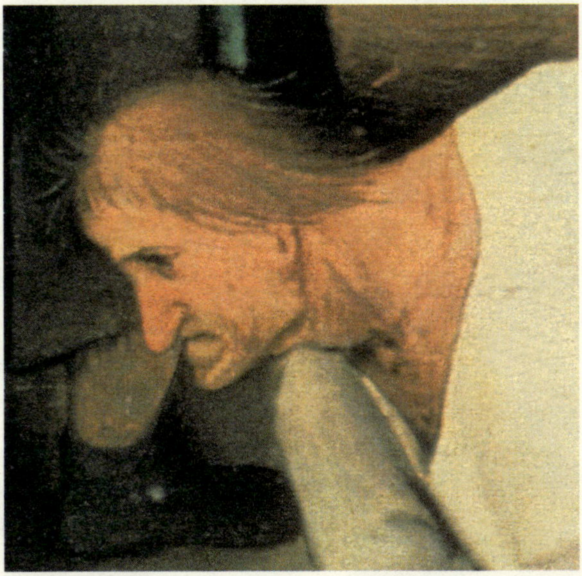

»Hier liegen meine Gebeine,
ich wollt', es wären deine.«

Aller Sinn und Mut
steht nach dem zeitlichen Gut;
und wenn sie das erwerben,
legen sie sich nieder und sterben.

Arm und Reich
der Tod macht gleich.

Aufi gstiegen,
Kerschen brockt,
abi gfallen,
hin gwesen.

Beerdigt ist nicht beendigt,
geendet ist nicht vollendet.

Befiehl dich Gott,
sei stark in Not,
bedenk den Tod,
gib Armen Brot.

Befreie doch mich arme Gruft,
o Wanderer, von diesem Schuft!

Bis zu seinen alten Tagen
muß man sich mit dem Schicksal
schlagen,
und hat man endlich besiegt die
Not,
so kommt der Tod.

Daß ich gestorben bin,
das weißt du;
ob ich im Himmel bin,
das fragst du,
nicht sterben, aber im Himmel sein,
das willst du.

Dein Leben war ein kurzer Traum,
du ahntest seine Freude kaum;
schon in des Lebens Morgenrot
umarmte dich der Tod.

Der Tod führt die Guten fort,
die Schlechten läßt er dort.

Des Rechnens müd' lieg ich im
Grabe
und muß nun in die Brüche geh'n;
wenn ich mich nicht
verrechnet habe,
so werd' ich wieder auferstehn.

Du stehst noch hier
und ich bin hin.
Bald bist du dort,
wo ich schon bin.

Ein großes Glück und ein tiefer
Schmerz
Zerbrechen bald ein Menschenherz.

Einst wird des Grabes Frieden
Uns allen beschieden;
Dächten manche daran,
Sie fingen ein anderes Leben an.

Fragt nicht nach der Zahl
der Jahre,
kein Kalender ist die Bahre,
und der Mensch im Leichentuch
ist ein zugeklapptes Buch.
Darum, Wand'rer,
zieh' dich weiter,
denn Verwesung stimmt
nicht heiter.

Glück und Unglück,
beides trag in Ruh!
Alles geht vorüber
und auch du!

Gott löset, was wir binden,
er stürzet, was wir bau'n,
wir können's nicht ergründen,
wir können nur vertrau'n.

Gottlob, nun bin ich ledig aller
Erdenplag,
mich kann kein Glück,
kein Hoffen mehr betrügen,
und wenn einst naht der
Auferstehungstag,
ich bleibe liegen.

Hier lieg' ich im kühlen Grab,
wen kümmert das?
Ich werd schon aufstehn, wenn's
mich freut,
zur ewigen Glückseligkeit.

Hier lieg ich nun,
das Stück ist aus;
o Publikum,
ruf' mich heraus!

Hier liege ich und muß verwesen,
was ihr noch seid, bin ich gewesen,
was ich jetzt bin, das werdet ihr!
Geht nicht vorüber, betet mir.

Hier liegt mein Weib,
Gott sei's gedankt,
bis in das Grab hat sie gezankt.
Lauf, lieber Leser, schnell von hier,
sonst steht sie auf und rauft mit dir.

Hier ruhen meine Gebeine,
ich wollt', es wären deine.

Hier ruht mein teures Weib
in dieser Grabeshöhle.
Wir waren oft ein Leib,
doch niemals eine Seele.

Hier von dieser steilen Wand
stürzte ab ein Musikant,
oben blies er die Trompeten -
unten ging er leider flöten!

Ich leb, weiß nit wie lang,
ich stirb und weiß nit wann,
ich fahr', weiß nit wohin,
mich wundert, daß ich fröhlich bin.

Marsch, fort, Leser!
Verliere hier deine Zeit
nicht mit Lesen alberner
Prosa und schlechter Verse.
Was mich betrifft, so sagt
dir mein Grab, was ich bin,
was ich war, geht dich
einen Dreck an.

O lieb', so lang du lieben kannst,
o lieb', so lang du lieben magst;
die Stunde kommt, die Stunde
kommt,
wo du an Gräbern stehst und
klagst.

Ob die ganze Welt dich nennt,
oder bloß dein Nachbar kennt,
ob du arm bist oder reich,
ob du rot bist oder bleich,
dieses ist zuletzt ganz gleich.
Jeder Mensch auf Erden
muß zu Staube werden.

Viel genossen, viel gelitten,
und das Glück lag in der Mitten;
viel empfunden, nichts erworben,
froh gelebt und leicht gestorben.

Wandrer steh still und merk auf!
Was du nun bist, das war ich auch;
was ich jetzt bin, wirst du
auch werden:
der Würmer Speis und Staub auf
Erden.

Wer schon beim ersten Schmerz
will verzagen,
ist nicht wert, ein Unglück zu
tragen.

Wer stets bedächt' der Dinge drei,
der wär' von Gottes Zorne frei:
Was er war und was er ist,
und was er wird in kurzer Frist.

Wohl ist ihr und auch mir.

HAUS- UND GERÄTINSCHRIFTEN

»Es wird kein Ding so wohl gemacht,
es kommt doch einer, der's veracht't.
Wärst du erst gekommen,
hätt ich Rat bei dir genommen.«

Alle Stunden
schlagen dir Wunden,
in der letzten
wirst du gesunden.

Arbeit und Ordnung erhalten das
Haus,
Liebe und Freundschaft schmücken
es aus.

Auf dich selbst schau,
nicht allen trau',
auf Gunst nicht bau',
sei nicht genau.

Bedenke wohl:
Der äußre Stand
ist dir vom Menschen wohl bekannt;
doch was in seiner Brust sich regt,
und was er tut
und was er trägt,
sieht oft kein Menschenangesicht;
drum schweige still
und meist're nicht.

Bergauf sachte,
bergab achte,
gradaus trachte!

Betrachte nicht mich
und die Meinen,
sondern betrachte dich
und die Deinen.

Wirst du dich und die Deinen
betrachten,
so wirst du mich und die Meinen
nicht verachten.

Bewahret einander vor Herzeleid,
kurz ist die Zeit,
die ihr beisammen seid.
Und wenn auch Jahre euch
vereinen,
einst werden wie Minuten
sie euch erscheinen.

Danke Gott für das Deine!
Gönne jedem das Seine!

Das größte Reich der Welt ist dein,
kannst du dein eigner König sein.

Dem Menschen gibt
die Häuslichkeit
die Kraft zum Kampf in
schwerer Zeit.

Der Geist des Menschen
wird nicht satt
von allem, was die Erde hat.
Den Menschen sättigt
nicht die Zeit,
ihn sättigt nur die Ewigkeit.

Der Glaub' ist gar ein neuer Sinn,
weit über die fünf Sinne hin.

Der Herr muß selber sein der
Knecht,
will er's im Hause
haben recht.

Der Mensch lebt so dahin
und nimmt es nicht in Acht,
daß jeder Augenblick
sein Leben kürzer macht.

Des Hauses Schmuck ist
Reinlichkeit,
des Hauses Glück Zufriedenheit,
des Hauses Segen Frömmigkeit.

Die Ehe ist ein Übel,
ein bittersüßes Joch.
Sie gleicht fürwahr
der Zwiebel,
man weint und ißt sie doch.

Die Finsternis sei noch so dicht,
dem Lichte widersteht sie nicht.

Die Leute sagen immer:
»Die Zeiten werden schlimmer« –
die Zeiten bleiben immer,
die Leute werden schlimmer.

Die mich hassen,
müssen mich lassen;
die mich neiden,
müssen mich leiden.

Die Welt ist voller Pein,
ein jeder find't das Sein'.

Die Welt kann nicht mehr länger
stehn,
sie ist alt und kalt,
sie muß vergehn,
sie kracht an allen Orten sehr
und kann die Last nicht tragen
mehr.

Die Welt, die Fremde lohnt mit
Kränkung,
was sich in Lieb' ihr zugesellt;
das Haus, die Heimat, die
Beschränkung,
die sind das Glück und sind
die Welt.

Die Zeit geht hin,
der Tod kommt her.
Ach daß ich täglich
fertig wär!

Die Zeit teilt, heilt, eilt.

Dies Haus ist mein
und doch nicht mein,
dems vor mir war,
dacht' auch, 's wär sein,
er zog aus, ich zog ein,
nach meinem Tod
wirds auch so sein.

Dies Haus ist mein
und doch nicht mein;
ich gehe aus, du gehest ein.
Und wer wird wohl der Letzte sein?

Draußen zu wenig oder zu viel,
zu Hause nur ist Maß und Ziel.

Drei Blicke tu zu deinem Glück:
Schau aufwärts, vorwärts und zurück!

Dreifach ist der Schritt der Zeit:
Zögernd kommt die Zukunft
hergezogen;
pfeilschnell ist das Jetzt entflogen;
ewig still steht die Vergangenheit.

Durch Reden nicht,
durch Tun und Schweigen
muß sich die wahre Größe zeigen.

Echtes ehren,
Schlechtes wehren
Schweres üben,
Schönes lieben!

Ein freundlich Gesicht,
das beste Gericht.

Ein ruhig Herz, nicht Gold und
Pracht
ist's, was den Menschen glücklich
macht.

Ein Schloß zu Tür und Kasten
gibt's hier zu jeder Stund;
doch was ich nicht kann machen,
sind Schlösser an den Mund.
Denn wenn an jeden bösen Mund
ein Schloß gemacht müßt'
werden,
dann wär die edle Schlosserei
das best' Geschäft auf Erden!

Einer acht's,
der andre verlacht's,
der dritte betracht's;
was macht's!

Einsam wandle deine Bahnen,
stilles Herz, und unverzagt;
viel erkennen, vieles ahnen
wirst du, was dir keiner sagt.

Engel umschweben uns,
wo wir auch geh'n;
Engel umgeben uns,
wie wir uns dreh'n.

Es gehen zwei Gäste
ein und aus,
solange du wohnst
in diesem Haus.
Sie sind geheißen
Lieb und Leid,
du sollst sie wohl
empfangen beid.

Es ist auf Erden keine bessere List,
als wer seiner Zunge ein Meister ist.
Viel wissen,
wenig sagen,
nicht antworten auf viele Fragen.
Einen jeden sein lassen,
wer er ist,
so wirst auch du bleiben,
wer du bist.

Es wird kein Ding so schön gemacht,
es kommt ein Spötter, der's veracht.
Wärst Du früher hergekommen,
hätt ich Rat von Dir genommen.
Drum gehe hin und schweige still.
Es machts ein jeder, wie er's will.

Freude schweift
in die Welt hinaus,
bricht jede Frucht
und kostet jeden Wein;
riefe dich nicht
das Leid nach Haus,
Du kehrtest nimmer
bei dir selber ein.

Frohes Schaffen, treues Lieben,
ist das Beste stets geblieben.

Fröhlich wenn ich kann,
traurig wenn ich muß;
jenes lacht mich an,
dieses macht Verdruß.

Gewiß ist der Tod, ungewiß der Tag,
die Stund' auch niemand wissen
mag,
drum tue Gutes und gedenk dabei,
daß jede Stund' die letzte sei.

Glaub nicht alles, was du hörst!
Tue nicht alles, was du willst!
Lieb nicht alles, was du siehst!
Sag nicht alles, was du weißt!

Glück und Unglück,
beides trag in Ruh,
alles geht vorüber,
und auch du.

Habe acht, wie groß sei dein Deck.
Darnach dich kehr, leg, wend und
streck.

Hast du dein Recht getan,
was gehen dich der Leute Reden an?
Wer für alles gleich Dank begehrt,
der ist selten des Dankes wert.

Hat jemand dir was Guts getan,
so sollst du allzeit denken dran.
Tat einer dir ein Leid,
sei zur Versöhnung stets bereit.

Hoffe nichts und fürchte nichts
auf Erden mit Leidenschaft,
und du wirst glücklich werden.

Hoffe wenig, wirke viel.
Dies ist der kürz'ste Weg zum Ziel.

Ich bau' für mich,
sieh' du für dich!

Ich geh' aus oder ein,
so steht der Tod und wartet mein.

Ich habe gebaut nach meinem Sinn,
dems nicht gefällt, der geh nur hin.
Es hat mich gekostet mein schönes
Geld,
drum hab ich gebaut, wie mirs
gefällt.

Im Wintersturm ein warm Gemach,
in Sonnenglut ein schattig Dach,
gesunde Kost für Geist und Leib,
ein echter Freund, ein treues Weib -
wer dies erwarb und sich erhält,
was kümmert den die ganze Welt?

Jedes Dach
hat sein Ungemach.

Keine Liebe ohne Leid,
kein Glück ohne Neid,
kein Gebet ohne Not,
kein Leben ohne Tod.

Klein,
aber mein.

Laß in dein Herz den Sonnenschein,
alles andere find't sich von
selber ein.

Laß Leid und Mißgunst sich
verzehren,
das Gute werden sie nicht wehren;
denn, Gott sei Dank,
es ist ein alter Brauch,
so weit die Sonne scheint,
erwärmt sie auch.

Lasset uns am Alten,
so es gut ist, halten,
aber auf dem alten Grunde
Neues wirken jede Stunde.

Legt fest den Grund,
fügt Stein an Stein,
mit Winkel, Maß und Senkel;
ihr baut das Haus
nicht euch allein,
ihr baut es auch dem Enkel.

Leichter träget, was er trägt,
wer Geduld zur Bürde legt.

Leid, meid, schweig und ertrage,
deine Not niemand klage,
an Gott, deinem Schöpfer nicht
verzage,
das Glück kommt wohl nicht alle
Tage.

Lese, sieh und schau,
betrachte diesen Bau,
schau auf dich und nicht auf mich,
tu nicht Unrecht, hüte dich,
denn selig ist der Mann,
der sich im andern spiegeln kann.

Mag draußen die Welt ihr Wesen
treiben,
mein Heim soll meine Ruhstatt
bleiben!

Magst du dich zum Alten halten
oder Altes neu gestalten,
mein's nur treu und laß Gott walten.

Mein Haus ist meine Welt,
grüß Gott, wem's drin gefällt.

Menschengunst und Gottesgnad
ist gut, wenn man's zusammen hat.
Soll's aber Menschengunst nicht
sein,
so tut's auch Gottes Gnad allein.

Mir genügt,
wie Gott es fügt.

Muß es sein,
so schick dich drein.

Nach gutem Alten
neu zu gestalten,
am schönen Neuen
sich zu erfreuen,
wird niemand gereuen.

Nicht an die Güter hänge dein Herz,
die das Leben vergänglich zieren!
Wer besitzt, der lerne verlieren,
wer im Glück ist, lerne den
Schmerz.

Nimm die Geduld als Magd ins Haus;
sie hilft dir ein, sie hilft dir aus;
doch hüt' dich, wenn sie herrschen
will,
sonst steht die ganze Wirtschaft
still.

Nun werd ich auch wohl Neider
haben;
hier habt ihr Steine, freßt euch satt!
Das ist ein Mann von schlechten
Gaben,
der keine Neider hat.

Raum ist in der kleinsten Hütte
für ein glücklich liebend Paar.

Sag nichts hinein,
sag nichts hinaus.
So bleibt der Friede stets im Haus.

Sei mit den Deinen
allzeit im Reinen.

Sei unbetört und unverstört,
was zu des Lebens Glück gehört,
hat dir ein Gott gegeben.
Und was er dir nicht gab, gehört,
o glaub' es, nicht zum Leben.

Sieh' hinter dich, sieh' vor dich,
die Welt ist gar wunderlich;
die Freundschaft ist gemein,
aber die Treu ist gar klein.

Soll ich dir die Gegend zeigen,
mußt du erst das Dach besteigen.

Steh fest mein Haus
im Weltgebraus!

Tu allzeit recht,
scheu niemand nicht,
laß dich nicht irren,
was man spricht!
Ob du gleich
vielen nicht gefällst,
wenn du nur
Gottes Huld behältst.

Und wär' die ganze Welt voll Plag',
erscheint die Sonne, wird's doch
Tag.

Verlorst du ein gehofftes Gut
und bangt darüber dir der Mut,
so denk: Wer weiß, wozu es gut.

Vieles Denken schwächt die Glieder,
was hilft es, daß man denkt
und dicht':
Das Vergang'ne kommt nicht
wieder,
und das Künftige weiß man nicht.

Von mir erdacht, von mir erbaut,
sollst mir ein Heim sein, lieb und
traut!

Vor dem Winter sei nicht bange!
Gestrenge Herr'n regier'n nicht
lange.

Vor Gott muß man sich beugen,
weil er so groß ist,
vor dem Kinde,
weil es so klein ist.

Was den einen erquickt und erbaut,
darüber schimpft der andre laut.

Was fragst du viel: Wo will's hinaus,
wo oder wie kann's enden?
Ich dächte, Freund, du bliebst zu
Haus
und sprächst mit deinen Wänden.

Was stehst du hier und gaffst?
Wär besser daß du schaffst,
anstatt hier zu stehn,
sollst du weitergehn.

Wem gram geworden
sind die Sterne,
dem leuchtet auch
der Mond nicht gerne.

Wenn dieses Haus so lange steht,
bis aller Haß und Neid vergeht,
so wird dies Haus so lange stehn,
bis daß die Welt wird untergehen.

Wenn du über dich
selbst willst denken
und der Wahrheit
die Ehre dann schenken,
dann wirst du erkennen
mit tiefem Verdruß,
daß es besser werden muß.

Wenn in der Welt ein
Handwerksmann
sein Fleiß und Mut
tut wenden an,
trägt solches ihm
sein Nahrung ein,
wie immer mag
das Wetter sein.

Wenn von den künftigen Tagen
auch nicht jeder Sonnenschein birgt,
zu zweien läßt sich
vieles ertragen,
wenn jeder die Hälfte
sich nimmt.

Wer Andern Kummer macht
und Schmerz,
setzt einen Wurm
sich selbst ins Herz.

Wer auf die Welt kommt,
baut ein neues Haus,
er geht und läßt es einem Zweiten,
der wird sich's anders zubereiten,
und niemand baut es aus.

Wer da bauet an Markt
und Straßen,
muß Neider und Narren
reden lassen.

Wer da wissen will,
wie er sei,
erzürne seiner Nachbarn
zwei oder drei.

Wer das Ungewisse
nach Hause führt,
leicht das Gewisse
vom Wagen verliert.

Wer dem Glück nicht aufmacht,
wenn's vor der Tür steht,
der darf auch nicht klagen,
wenn's weiter geht.

Wer den Acker nicht bebaut,
dem trägt er weder Korn noch Kraut.

Wer den Kindern läßt sein Brot
und leidet nachher selber Not,
den schlagt mit einer Keule tot.

Wer durch diese Tür
geht ein,
der soll von Gott
gesegnet sein!

Wer eingeht, weiß nicht,
ob er lebend wieder herauskommt.
Wer ausgeht, weiß nicht,
ob er lebend zurückkommt.

Wer gar nicht scherzen kann,
der ist ein armer Mann.
Nur noch ärmer ist,
wer nichts als scherzen kann.

Wer geliebt, kann nicht vergessen,
wer vergißt, hat nie geliebt,
wer geliebt und doch vergessen,
hat vergessen, wie man liebt.

Wer Glück im Hause hat,
hat außerm Hause Lust;
wohl ist dir's in der Welt,
wenn's wohl in deiner Brust.

Wer Gott und Frauenzimmer liebt,
ein jeder wie er soll,
der lebt auf dieser Welt vergnügt,
und geht ihm ewig wohl.

Wer in mein Haus tritt, der kann
schelten,
was ich ließ viele Jahre gelten;
vor der Türe aber müßt' er passen,
wenn ich ihn nicht wollte gelten
lassen.

Wer sein Geld verlieren will und
weiß nicht wie,
der baue alte Häuser aus oder spiele
Lotterie.

Wer sich an andre hält,
dem wankt die Welt,
wer auf sich selber ruht,
steht gut.

Wie du glaubst, so lebst du,
wie du lebst, so stirbst du,
wie du stirbst, so fährst du,
wie du fährst, so bleibst du,
im Himmel zur Freud,
in der Hölle zum Leid,
in beiden Orten zur Ewigkeit.

Wie fruchtbar ist
der kleinste Kreis,
wenn man ihn wohl
zu pflegen weiß.

Willst du dein eignes Herz
bewahren,
so laß das Sehn auf andre fahren.

Wer viel vom andern spricht
und richt,
der kennet noch sich selber nicht.

Willst du die Leiter hinan,
fang' bei der untersten Sprosse an.
Laß nicht nach,
so steigst du aufs Dach.

Willst du immer weiter schweifen?
Sieh, das Gute liegt so nah.
Lerne nur das Glück ergreifen;
denn das Glück ist immer da.

Willst du recht
zu Hause sein,
kehre in dich
selber ein.

Willst Welt und Menschen
recht versteh'n,
mußt du ins eigne
Herze seh'n.
Willst du dich selbst
recht kennenlernen,
mußt du dich aus dir
selbst entfernen.

STAMMBUCH- UND POESIEVERSE

»In der Liebe kennt man sich,
weil man sich liebt;
in der Freundschaft liebt man sich,
weil man sich kennt.«

Allzeit lustig ist gefährlich,
allzeit traurig ist beschwerlich,
allzeit glücklich ist betrüblich,
eins ums andre ist vergnüglich.

Alten Freund
für neuen wandeln,
heißt für Früchte
Blumen handeln.

Blumen sind an jedem
Weg zu finden,
doch nicht jeder weiß
den Kranz zu winden.

Brich die Rosen,
wenn sie blühn,
morgen ist nicht heut.
Keine Stunde lass' entfliehn,
flüchtig ist die Zeit.

Das warme Herz hienieden,
von manchem Sturm bewegt,
erlangt den wahren Frieden
nur, wo es nicht mehr schlägt!

Dem Freund sich bald entwindet,
wer neue Freunde findet.

Den Menschen sollst du dich
insoweit anbequemen,
um jeden in der Art,
wie er sich gibt, zu nehmen.

Der Mensch hat nichts so eigen,
so wohl steht ihm nichts an,
als daß er Treu' erzeigen
und Freundschaft halten kann.

Die Welt wird nie
das Glück erlauben,
als Beute nur wird es gehascht!
Entwenden muß man's,
oder rauben,
eh' uns die Mißgunst
überrascht!

Echtes ehre,
Schlechtem wehre,
Schweres übe,
Schönes liebe!

Ehret die Frauen;
sie flechten und weben
himmlische Rosen
ins irdische Leben.

Ein jeder Schmerz
läßt sich verwinden,
und jede tiefe Wunde heilt,
nur eine Seele mußt du finden,
die alle Schmerzen mit dir teilt.

Einen Maitag hat das Leben,
einen Schöpfer-Augenblick;
läßt du ihn vorüberschweben,
kehrt er nimmer dir zurück.

Erinn'rung ist's,
die mit dem Zauberstabe
den Weg uns schmückt,
in's Leben bis zum Grabe!

Es kann die Ehre dieser Welt
dir keine Ehre geben.
Was dich in Wahrheit hebt und hält,
muß in dir selber leben.

Es wird dem nie
an Freunden fehlen,
der fähig ist, ein Freund zu sein!

Freunde ich gern haben will
und doch Gesellen nicht zu viel.

Freunde in der Not
und hinterm Rücken
sind zwei starke Brücken.

Freundes Gebrechen soll man
kennen und tragen,
aber nicht nennen und nagen.

Genieße froh
des Lebens Freuden,
entbehre gern,
was du nicht hast,
ein jeder Mensch
hat seine Freude,
ein jeder Mensch
hat seine Last.

Genieße jedes Glück! Die Kunst, sich
zu erfreu'n,
ist für uns Sterbliche die Kunst,
beglückt zu sein.

Glück und Unglück,
beides trag in Ruh.
Alles geht vorüber,
und auch du.

Hab ein Lied auf den Lippen,
verlier nie den Mut,
hab Sonne im Herzen,
und alles wird gut.

Hat jemand dir was Gut's getan,
so sollst du allzeit denken dran;
und tat dein Nächster dir ein Leid,
sei zur Versöhnung stets bereit.

Höchstes Glück wie tieftes Wehe
wachsen zusammen in der Ehe.

In der Liebe kennt man sich, weil
man sich liebt,
in der Freundschaft
liebt man sich,
weil man sich kennt.

Kein schöner Ding
ist wohl auf Erden
als Frauenlieb',
wem sie mag werden.

Kein Unfall, keine Zeit
wird echte Liebe trennen;
die Liebe, die vergeht,
war Liebe nicht zu nennen!

Klug war der Mann, der sich das
erste Stammbuch machte
und darin seiner Freunde dachte;
denn wenn sie in der Not,
wie's oft geschieht,
verschwinden,
so lassen sie sich doch im
Stammbuch wieder finden!

Lebe glücklich,
frei von Schmerzen,
freue deines
Lebens dich!
Und in deinem
guten Herzen
sei ein Plätzchen
auch für mich!

Liebe schwärmt auf allen Wegen,
Treue wohnt für sich allein;
Liebe kommt dir rasch entgegen;
aufgesucht will Treue sein!

Liebe und Not
kennen kein Gebot.

Mach es wie die Sonnenuhr,
zähl die schönen Stunden nur.

Mit vielen teile deine Freuden,
mit allen Heiterkeit und Scherz,
mit wenigen nur deine Leiden,
mit Auserwählten nur dein Herz.

Möge jeder still beglückt
seiner Freuden warten!
Wenn die Rose selbst sich schmückt,
schmückt sie auch den Garten.

Nicht zu langsam, nicht zu schnell,
nicht zu dunkel, nicht zu hell,
nicht zu traurig, nicht zu froh,
nicht zu gar und nicht zu roh,
nicht zu krumm und nicht zu g'rad:
sehr vernünftig - aber fad!

Nimm, soweit die Kraft dir reicht,
wär dein Herz auch am Verbluten,
nimm die bösen Tage leicht,
aber ernst und schwer die guten.

O nütze der Jugend frohe Stunden,
sie kennen nichts von Wiederkehr.
Einmal entflohen, einmal
entschwunden,
zurück kehrt keine Jugend mehr.

O reiß den Faden
der Freundschaft
nicht allzu rasch entzwei;
wird er auch neu geknüpfet,
ein Knoten bleibt dabei.

O! Lass', beim Klange
süßer Lieder,
uns lächelnd durch
dies Leben gehn,
und sinkt der letzte
Tag hernieder,
mit diesem Lächeln
stille stehn!

Oftmals wollt' ich schon verzagen,
denn ich dacht', ich trüg' es nie,
ich hab' es doch getragen,
aber fragt mich nur nicht wie.

Ohne Freund keine Freud';
ohne Freund doppelt Leid;
drum in Freud' und Leid
dein Freund allezeit.

Sei deiner Welt,
so viel du kannst, ein Engel,
so wird sie dir,
trotz dem Gefühl der Mängel,
soviel sie kann,
dafür ein Himmel sein!

Treue Hand
geht durchs ganze Land.

Und wär' das Himmelreich
auch mein,
ich möcht es nicht,
hätt' ich's allein.

Unser süßester Beruf
ist das Glück der Liebe,
alles, was der Himmel schuf,
fühlet ihre Triebe!

Uns're Zeit
vergeht geschwind,
nimm die Stunden
wie sie sind.
Sind sie bös,
laß sie vorüber,
sind sie gut,
so freu dich drüber.

Verschenke aus all deinen Tagen
eine stille Stunde an dich.
Die jedem Besinnen entsagen,
verlieren sich.

Wahre Freundschaft nur verbindet
Seelen zu der schönsten Pflicht,
und die Kränze, die sie windet,
welken selbst im Grabe nicht!

Was man nicht kann hassen,
und noch weniger lassen,
o Herz, da ist kein Mittel geblieben,
als es von ganzer Seele lieben.

Wenn sich zwei Herzen scheiden,
die sich dereinst geliebt,
das ist ein großes Leiden,
wie's größeres nimmer gibt.

Literatur

I. Bibliographien

Franz, Günther: Bücherkunde zur Geschichte des deutschen Bauerntums, Neudamm und Berlin 1938.
Moll, Otto E: Sprichwörterbibliographie, Frankfurt a.M. 1958.
Nopitsch, Christian Conrad: Literatur der Sprichwörter, Nürnberg 1822.

II. Sammlungen

Beyer, Horst und Annelies: Sprichwörterlexikon, Leipzig 1984.
Buck, Joseph: Alte deutsche Handwerksweisheit, Bad Wörrishofen 1949.
Bull, Bruno Horst: Für Herz und Gemüt – 1500 poesievolle Album- und Stammbuchverse, Hamburg 1967.
Dresselly, Anton: Grabinschriften, Sprüche auf Marterlsäulen und Bildstöcken, Salzburg 1900.
Düringsfeld, Ida von und Otto von Rheinsberg-Düringsfeld: Sprichwörter der germanischen und romanischen Sprache vergleichend zusammengestellt, 2 Bde., Leipzig 1872-1875.
Eilert, Pastor: Deutsche Volksweisheit in Wetterregeln und Bauernsprüchen, Berlin 1934.
Eisbrenner, Rudolph: Das große Buch der Bauernweisheiten, Würzburg 1997.
Graak, Karl: Poesiealbum. Poesiealbumverse aus dem 19. Jh., Stuttgart 1965.
Graak, Karl: Vergiß mein nicht - gedenke mein: vom Stammbuch zum Poesiealbum, München 1982.
Hahn, Helga: Poesieverse und Kindervorträge für alle Gelegenheiten, Wiesbaden 1979.

Haldy, Bruno: Die deutschen Bauernregeln, Jena 1923.
Hansing, Enno: Hier liegen meine Gebeine… Grabinschriften für alle Fälle, Bremen 1997.
Heyd, Werner P.: Bauernweistümer, Wetterregeln, Lostagssprüche, Memmingen 1971.
Heyd, Werner P.: Bauernweistümer, zweiter Band, Wetterpropheten in der Natur, Memmingen 1973.
Hörmann, Ludwig von: Grabschriften und Marterln, Leipzig 1887.
Kunze, Horst: Gar kurz ist's bis zur Ewigkeit – Eine Sammlung kurioser Grabsprüche, Berlin 1986.
Kunze, Horst: Irren ist menschlich, sagte der Igel… Alte und neue Beispielsprichwörter, Berlin 1979.
Leicher, Donatus M. und Kaiser, Odilo: Grabmalinschriften, München 1985.
Lipperheide, Franz von: Spruchwörterbuch, Berlin 1907.
Rehbein, Detlev: Spaß muß sein, sagte der Kater… Sagwörter aus europäischen Sprachen, Leipzig 1990.
Reinsberg-Düringsfeld, Otto von: Das Wetter im Sprichwort, Leipzig 1864, Nachdruck 1974.
Richey, Werner und Strich, Michael: Der Honig ist nicht weit vom Stachel, Leipzig 1984.
Sailer, Johann Michael: Die Weisheit auf der Gasse oder Sinn und Geist deutscher Sprichwörter, Augsburg 1810.
Seidel, Friedrich: Sprüche für Haus und Gerät, Weimar 1892.
Simrock, Karl: Die deutschen Sprichwörter, Frankfurt 1846.
Stammbuch-Verse oder Auswahl vorzüglicher deutscher Inschriften in Stammbücher, Neu-Ruppin o.J.
Tiedt, Ernst: Witziges und Spitziges - Sinniges und Inniges, in Spruch und Nam auf Haus und Kram, Stuttgart 1908.
Treichlinger, Wilhelm M.: Wohl ist ihr und auch mir - Eine Sammlung von Grabschriften, Zürich 1955.
Vötterle, Karl: Deutsche Haussprüche, Kassel o.J.
Wander, Karl Friedrich Wilhelm: Deutsches Sprichwörterlexikon, 5 Bände, Leipzig 1867-1880.

III. Sekundärliteratur

Bächtold-Stäubli, Hanns (Hrsg.): Handwörterbuch des deutschen Aberglaubens, Berlin 1927, 1942, Nachdruck 1987.

Beitl, Richard und Erich, Oswald A.: Wörterbuch der deutschen Volkskunde, Leipzig 1936.

Hauser, Albert: Bauernregeln, Zürich 1973.

Kostenzer, Helene und Otto: Alte Bauernweisheit, Rosenheim 1975.

Malberg, Horst: Bauernregeln, Berlin 1993.

Petsch, Robert: Spruchdichtung des Volkes, Halle 1938.

Röhrich, Lutz und Mieder, Wolfgang: Sprichwort, Stuttgart 1977.

Seiler, Friedrich: Deutsche Sprichwörterkunde, München 1922.

IV. Zu Pieter Bruegel d. Ä.

Dvořák, Max: Kunstgeschichte als Geistesgeschichte. Pieter Bruegel der Ältere, München 1924.

Fraenger, Wilhelm: Der Bauern-Bruegel und das deutsche Sprichwort, Erlenbach-Zürich 1923.

Friedländer, Max J.: Pieter Bruegel, Berlin 1921.

Grauls, Jan: Volkstaal en Volksleven in het Werk van Pieter Bruegel, Antwerpen-Amsterdam 1957.

Hausenstein, Wilhelm: Der Bauern-Bruegel, München 1920.

Jedlicka, Gotthard: Pieter Bruegel. Der Maler in seiner Zeit, Erlenbach-Zürich 1938.

Weinitz, Friedrich: Die Niederländischen Sprichwörter des Pieter Bruegel d.Ä., Zeitschrift für deutsche Volkskunde 25 (1915).